Günter Grass   Zunge zeigen

Günter Grass Zunge zeigen

Steidl

1. Auflage Juli 2000
(Die Erstausgabe erschien 1988)
Buchgestaltung: Günter Grass, Klaus Detjen, Gerhard Steidl

Lithographie: Gert Schwab/Steidl, Schwab Scantechnik GbR
Gesamtherstellung: Steidl, Göttingen
Printed in Germany
ISBN 3-88243-730-8

Mrs. und Mr. Karlekar und dem Calcutta Social Project gewidmet

Kali Puja ist angeso

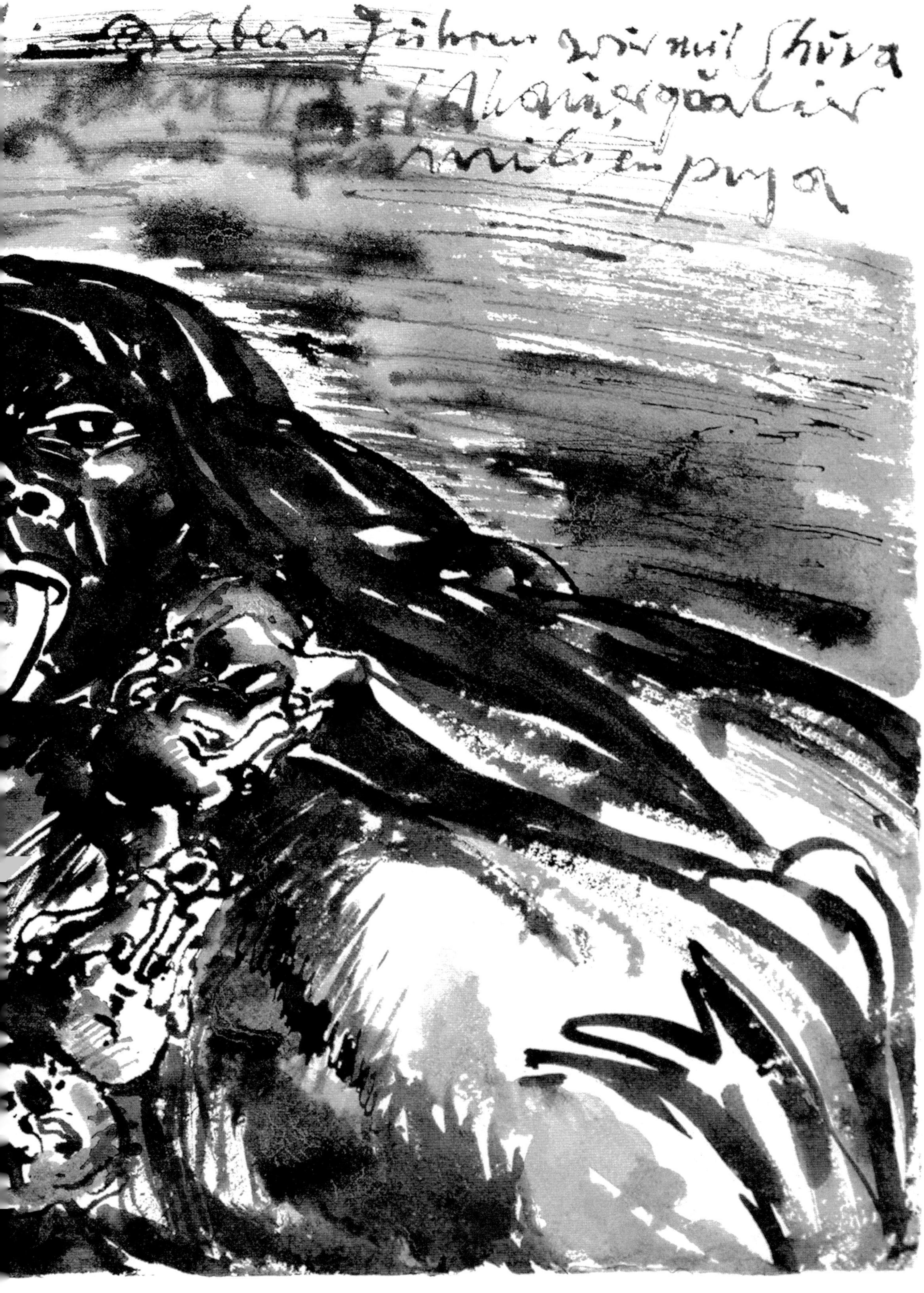

Brahmanen

schon morgen können die
Ästhetik der Armut ab

Hongkong Bank
niemand sieht.

…eischhalle: ein Hirsch
…ngeboren …hängt
…ein Zeichen
…gen versehen
…boren …
…und
…s Feuch…

Die Rakete:
…nahen der Fleisch-
halle ein Durch-
…gang für den
…ssen gepißt
… Die große
…ken, nicht beim Pissen
Schwalle den Atem angehalten,
bis ich durch und vorbei bin.

…stehen
Ausgebrannten.
und die Strasse
zu dem sorgfältig
…pinselt.

Im Norden Calcuttas reitet ganz in Bronze auf zu kleinem Pferd, mit zu großem Kopf, unterm Uniformkäppi schwer bebrillt, dennoch mit richtungweisender Geste – Auf, nach Delhi! Auf, nach Delhi! –, ohne vom Fleck zu kommen, denn als Denkmal ist er samt Sockel einem Platz verwurzelt, der, weil fünf Straßen in seine Rundung münden, Five point crossing genannt wird, reitet, sage ich, Subhas Chandra Bose, auch Netaji, der verehrte Führer genannt.

Als er mir vor elf Jahren zum ersten Mal in Reitergestalt, zur Büste verkürzt oder stehend als ganze Figur begegnete (doch immer mit Brille in Stein wie Metallguß), hatte ich von ihm und seiner globalen Bedeutung nur vage Vorstellungen. Aus Wochenschauen in Schülerzeiten erinnerte ich den Namen – er mag vor Stalingrad oder kurz danach ins Bild gekommen sein – und wie Bose in Zivil seine in Wehrmachtsklamotten gesteckte Indische Legion inspizierte, oder ich sah ihn auf flimmernder Vorstadtleinwand beim Händeschütteln mit Himmler, mit Hitler – wie ich ihn fünfundvierzig Jahre später in Calcuttas Victoria Memorial Museum auf Fotos sehen werde: diesmal uniformiert neben japanischen Generalen oder beim Glas Wein mit Yamamoto, den er aus seiner Berliner Zeit kannte.

Netaji, der erfolglose Held, »The Springing Tiger« genannt. Gandhis feister Gegenspieler. Als Redner mitreißend vor aller Welt Mikrofone. Subhas Chandra Bose, dessen Legende bengalischer Traumstoff geblieben ist. Auf weißem Pferd wird er morgen, bald, irgendwann in die Stadt am Hooghlyfluß einreiten, vielleicht von Norden kommend, wo er auf dem Platz der fünf Straßen sich selbst auf zu kleinem Pferd, mit zu großem Kopf, doch ganz und gar in Bronze gegossen, Hand am Käppi, begrüßen wird.

Vor uns traf unsere Seefrachtkiste ein. Nach langer Eisenbahnreise (seit drei Tagen in Calcutta) sind wir heute zum zweiten Mal von Baruipur nach Ballygunge Station gefahren; in einem Gartenhaus wohnen wir südlich der Stadt. Wie ausgeliefert, allem und jedem zu nah, weil Haut sich an Haut reibt, Schweiß sich mit Schweiß mischt. Und bleiben dennoch überall fremd, so abtastend wir begafft werden; Ferne und Nähe verlieren ihren Begriff.

Eingedost in der Blechschachtel. Auf sechs oder sieben Zwischenstationen wird gleichzeitig ein- und ausgestiegen: jeweils der kurze lautlose Kampf. Nach der vierten Station beginnt die Stadt, Dörfer, die in Slums übergehen. Auch den Bahndamm säumen Slums, dahinter Neubauruinen. Über uns Haltegriffe: jeder überbelegt. Keiner der Ventilatoren läuft. Trotz offener Fenster findet der Fahrtwind nicht zur Waggonmitte. Ein neuer Schub, und mit ihm, über Köpfe hinweg, Jutesäcke voller grüner Kokosnüsse, Körbe Bananen, verschnürte Lumpenbündel, in Käfigen Hühner.

Jeder Waggon ist Ruine. Sitze fehlen, geblieben sind verbogene Halterungen, sperrige Eisenrohre. Mit restlichen Glühbirnen im Drahtschutz hängen an ihrem Gedärm wildschlingernde Lampen. Alles klebt, vom roten Betelsud der Boden verrotzt. Bündel junger Burschen, ineinander verkrallt, schließen die immer offenen Waggontüren wie Pfropfen; ihnen gehört der Fahrtwind.

In diesen Pendelzügen ist die indische Gesellschaft (solange die Fahrt dauert) kastenlos. Auch in für Frauen reservierten Waggons sitzen, stehen gepfercht, reiben sich, sind an den Haltegriffen vielfingrig miteinander gemein: ausgemergelte Bäuerinnen und feiste Matronen, in blühenden Saris höhere Töchter mit ihren Collegetaschen und Zottelweiber, die unter Fetzen was Lebendiges halten, zerlumpte und herausgeputzte Kinder. Keiner kann ausweichen. Triefäugige Bettler zwischen Advokaten und mittleren Beamten. Oberschüler mit gebündelten Schulheften verrührt mit Burschen gleichen Alters, denen Schule noch nie widerfahren ist. Jeder hält sich an jeden. Nicht nur der Schatten der Unberührbaren fällt auf Brahmanen, kenntlich durch weiße Schnur: unreinem Atem, Schweiß, andauernder Berührung bleiben sie ausgesetzt. Sieben Stationen lang ist eine Gesellschaftsordnung, die sich für unabänderlich hält, aufgehoben, sind ihre Regeln außer Betrieb.

Wir werden diese Strecke (hin und zurück) oft fahren und uns gewöhnen. Schon überlege ich Techniken des Ein- und Aussteigens. Schon – mit zwei Fingern an einen der Haltegriffe gebunden – entwerfe ich Sätze, verschachtelt wie wir in den Pendelzügen nach Ballygunge.

Wer nach Indien reist, bereitet sich vor. Zwei wollen nach Calcutta reisen und lesen. Er liest Allgemeines über Indiens Wirtschaft, Politik, Kultur und was in Widersprüchen über Calcutta geschrieben steht; sie liest Fontane, wie immer irgendwas von Fontane. Willst du nicht etwas über Indien lesen, bevor wir abreisen, sagt er. Gleich, sagt sie, wenn ich fertig bin damit.

Aber sie wird mit Fontane nicht fertig. Selbst wenn sie nichts von Fontane liest, liest sie, um hinterdrein wieder einen Fontane-Roman zu lesen. Diesmal unaufhörlich: »Vor dem Sturm«.

Auch während sie fliegen, gleich nach dem ersten Curryhuhn und während in Richtung Cockpit ein indischer Film läuft, liest sie ihren Fontane. Er liest, um nicht immer nur über Indien zu lesen, was der alte Chargaff unter dem Titel »Der kunstgestopfte Schleier der Maja« über kommende Schrecknisse der Gentechnologie schreibt: leichthin plaudernd, plötzlich mit bösem Altmännerwitz. Der Film scheint eine indische Spielart der »Schwarzwaldklinik« zu sein. Er sagt, während sie Fontane liest: Erwin Chargaff nennt sich einen »Mißvergnügungsreisenden«; das trifft auch auf mich zu.

Wovon ich wegfliege: von Wiederholungen, die sich als Neuigkeiten ausgeben; von Deutschland und Deutschland, wie schwerbewaffnete Todfeinde einander immer ähnlicher werden; von Einsichten, aus zu naher Distanz gewonnen; von meiner nur halblaut eingestandenen Ratlosigkeit, die mitfliegt. Auch weg vom Gequatsche, von den Verlautbarungen weg, raus aus der Ausgewogenheit, den Befindlichkeiten, den ellbogenspitzen Selbstverwirklichungsspielen, Tausende Kilometer weit weg vom subtilen Flachsinn einst linker, jetzt nur noch smarter Feuilletonisten, und weg, weg von mir als Teil oder Gegenstand dieser Öffentlichkeit.

Ich weiß, daß in Bombay, spätestens in Calcutta der Igel mit dem bekannten Spruch schon wartet – wie der Film vor uns mir vertrauten Verwicklungen nachläuft. Also wird nur das Klima extrem und anders sein? Immerhin haben wir vorgesorgt gegen Gelbsucht, Malaria usw.

Zwei fliegen sich lesend davon. Unter ihnen die Arabische See. Mich überfüttert Statistik. Ute bleibt bei Fontane.

Auf der Mauer vorm Haus des Bischofs, seitlich der Straße nach Baruipur, werben links und rechts von einem Banyanbaum, der aus der Mauer wächst, ohne sie zu sprengen, die Kommunistische Partei CPI(M) mit Hammer und Sichel und die Kongreßpartei mit einer Hand, stilisierten Tantrahänden ähnlich, Schablonenmalerei.

Bengalischer Sonntag: zu Fuß im Durcheinander der Wege und Pfade von Baruipur. Arme wohnen neben vergleichsweise Reichen in Hütten und verfallenen Kolonialvillen, um teichgroße Wassertümpel gruppiert, die jetzt, während der Monsunzeit, randvoll sind. Im Uferschlick Wäscherinnen, badende Kinder. Alles, ob Hütte oder verrottete Villa, ist von gefräßigem Grün umwuchert, wird von Kokospalmen beschattet. Selbst die vollaufgedrehten Radios dämpft gleichmachendes Grün. In den Teichen soll es Fische geben. Zum Bahndamm hin, nahe der Krishna-Glasfabrik, hausen Unberührbare. Scheue Neugierde. Elend, gewohnt, Distanz zu halten.

Neben der Bushaltestelle hockt eine Frau in Lumpen, die ihren neugeborenen, im Straßenstaub abgenabelten Winzling lachend vorzeigt: ein Knabe! (Auch wir blicken nur flüchtig hin.)

Gleich hinterm Tor, auf dem Weg zum Gartenhaus, überrascht ein Reptil. Schwarz, plump, gut einen Meter lang, flieht es ins Gestrüpp der Bananenstauden. Später erklärt uns Anvar, der Gärtner, das Tier als manchmal bissigen Leguan. Zu Anvar und Djanara gehört der elfjährige Djerul: eine Moslemfamilie, deren Hütte leicht erhöht gleich neben dem Teich steht.

Noch ohne Motiv, nur um zu zeichnen, zeichne ich den Innenraum eines Baumes, den auf verquerem Geäst mittags des Gärtners Hühner bewohnen. Von der Terrasse in den flirrenden, unter der Hitze sonst unbewegten Garten blicken. Aus dem Melonenbeet kriechen, von Blättern beschirmt, geile Triebe, die, weil in Indien, anstelle Melonen Säuglinge als Frucht haben könnten.

Wie schlaffe Segel warten die großen Blätter der Bananenstauden auf einen Luftzug; sie fangen als erste auch leisestes Wehen auf, zumeist ein leeres Versprechen.

Geräusche der Nachbarschaft: das Hämmern aus entfernten Werkstätten, die klagenden Hupen der Fahrradrikschas, dann die Dauerhupe eines vorbeistürzenden Lastwagens, oder der Bus nach Calcutta 208 kommt. Wie der Gärtner Anvar hält auch der Nachbar hinter seinen Bananenstauden eine einzige Ente, deren Quaken wie gevierteiltes Gelächter klingt. Als Echo ahmen die Kinder des Nachbarn das Lachen der einzigen Ente nach.

Am Nachmittag – wir nehmen den um zehn Uhr dreißig von Baruipur direkt verkehrenden Pendelzug – werden wir mit Blumenketten behängt. Der Maler Shuvaprasanna zeigt uns die von ihm geleitete private Kunstschule in Nordcalcutta. In zwei größeren Zimmern dicht bei dicht Schüler vor Stilleben gesetzt. Hier eine Puppe neben einer Voltaire-Büste aus Gips; dort ein Krug mit Früchten vor drapiertem Tuch. Zwischen den ausgewählten Arbeiten einiger Schüler überraschen großformatige Aquarelle durch noldehafte Farbigkeit: Gruppen auf Feldern unterm hohen Himmel, die Göttin Kali mit Opfergabe. (Schon Tagore habe sich an Nolde-Bildern begeistert.) Ich werde gebeten, zu Beginn des neuen Jahres eine Künstlerkolonie (»arts acre«) in der Nähe des Flughafens Dum Dum einzuweihen. Meine halbe Zusage wird als ganze gewertet. Sogleich werden Gruppenfotos genommen...

Später der Weg vom Institut zum Park Circus Market zu Fuß: Elend, Krüppel, die sich auf Stümpfen in Lederkappen übers geborstene Pflaster schleppen. Räudige Hunde. Der querliegende Schläfer. Steig drüber weg!

Zurück in Baruipur: ein Wurm auf der Tischplatte, der sich Saugkopf vor Saugfuß voranbewegt. Sich tausend Würmer vorstellen, die so, Kopf vor Fuß, auf mich zukämen...

Am Fluß, nahe den Badeanstalten und Verbrennungsplätzen, werden wir von vier jungen Männern in modisch engen Hosen überholt, die im Laufschritt – dabei laut die Götter anrufend – eine Totenbahre tragen, auf der eine alte Frau liegt, deren Augen mit Blättern bedeckt sind, etwa so groß wie Lorbeerblätter. Jeder der jungen Männer besitzt eine Armbanduhr. Unterm Laufschritt zum Verbrennungsplatz torkelt der Kopf der alten Frau, ohne daß die Blätter ihren Halt verlören. Die blitzenden Uhren, das bezahlte Geschrei.

Mit uns der Maler Shuva. Er übersetzt eine Mauerinschrift: »Mitgift ist Barbarei!« Eine neue Partei, die sich Renaissance-Partei nennt, hat diese Wahlkampfparole ausgegeben.

Mit dem Taxi zur Sealdah Station im nachmittäglichen Verkehrschaos. Der Beifahrer des Taxichauffeurs läuft, sobald wir steckenbleiben, voraus, greift wie ein Polizist regelnd in den Verkehr ein. Später wechseln sich Fahrer und Beifahrer bei bester Laune ab: mit Erfolg. Das letzte Stück nehmen wir doch zu Fuß, eingekeilt in Menschenmassen, schließlich durch einen Tunnel, in dem links und rechts Schläfer wie weggeworfen liegen. (Ein Paniktunnel, für Träume geeignet.)

Des Nachbars Ente, der unermüdliche Lachsack. Unterm surrenden Fan, beim Mittagsschlaf träume ich nördlich: den Garten hinter dem Wewelsflether Haus, wie er mit Birnbäumen an den Friedhof grenzt. Und unterm größten Baum, der Jahr für Jahr Lasten grüngrauer Früchte trägt, sitzt sie auf der Bank vorm Tisch und hat Besuch neben sich. Zwar bleibt ihr Gerede stumm, doch träumt mir, wie ein älterer Herr (in meinem Alter), der auf sie einspricht, sie zum Lachen bringt, wie andererseits sie ihn erzählend, erklärend – ja keine Abschweifung vergessen! – zum Lächeln einlädt. Und jetzt lacht er, streicht sich das angegraute, straff nach hinten gekämmte Haar, kommt mir bekannt vor. Plötzlich, wie zufällig, liegt auf seinem rechten Unterarm ihre linke Hand, die mit den Ringen, während sie auf ihn einredet: bestimmt wieder eine ihrer schwedisch-vorpommerschen Inselgeschichten: Von Stralsund aus mit dem Schlitten und viel Schnaps bei Windstille übers Eis...

Ein guter Zuhörer, er. Hat auch seinerseits, kaum ist sie ihre Pointe los, irgendwas Märkisches, Hinterpommersches, Mecklenburgisches auf Lager: Neuruppiner Bilderbogengeschichten.

Wie vertraut sie einander sind. Plötzlich die Flasche Rotwein, zwei Gläser halbvoll auf dem Tisch, den ich soeben noch leergeträumt hatte. Auch kommt mir der Mann älter, inzwischen gealtert vor: ein Mittsechziger, sorgenvoll, bedrückt, doch ihrer Anteilnahme gewiß.

Ein Paar träumt mir: Ute und der alte Fontane unterm Birnbaum in unserem Garten. Und mich träume ich hinterm geschlossenen Fenster, entrückt, aber doch nah genug, um zu begreifen: da ist was, da tut sich was, und zwar schon seit Jahren. Sie hat was mit einem vielzitierten Kollegen von dir, ein Verhältnis, in dem du nicht vorkommst, obgleich auch dir seine Romane (weniger seine Balladen) immer wieder lesenswert, unterhaltsam, mehr noch, deren Dialoge beispielhaft sind, etwa in der Erzählung »Schach von Wuthenow«, in deren Verlauf sich aus Salongesprächen und während Spaziergängen, zum Beispiel beim Ausflug zu viert zum Tempelhofer Feld...

Das alles träumt mir, aber der feste Vorsatz auch, nicht das Fenster aufzureißen und Schluß! zu rufen, nicht in den Garten wie hin zum Tatort zu laufen, sondern ein Glas aus der Küche zu greifen, im Vorbeigehn einen Stuhl mitzunehmen und mich den beiden und ihrer Vertrautheit (auf einer Bank) hinzuzuzählen, damit wir fortan unsere Liebe zu dritt...

Dann träume ich nicht mehr Ute, Fontane und mich am Tisch unterm Birnbaum.

Ich liege in Schweiß. Über mir schweigt der Fan. Stromsperre. Feuchte Hitze lähmt. Einzig der Lachsack unermüdlich: des Nachbars Ente.

... und gegen alle Vernunft und Hitze hat Ute heute in einem winzigen Laden, nahe Ballygunge Station, Wolle gekauft, weil des Gärtners Frau Djanara unbedingt Stricken lernen will. Dazu drei Sorten Stricknadeln. Aus hundert Farben Kaschmirwolle, die meisten mit synthetischer Faser versetzt, die richtige finden. Ein schweißtreibender Vorgang bei stehendem Ventilator. Trotz dicker Luft läßt der Besitzer des Wolldschungels neben der Kasse Räucherstäbchen abbrennen.

Jetzt sitzt Djanara neben Ute auf der Bank unterm Terrassendach und lernt zwei glatt, zwei kraus. Die ersten bengalischen Wörter werden geläufig. Anvar, der kleine Djerul und ich sehen (männlich distanziert) dem Strickwunder zu. Bis hoch in die nachtschwarzen Bäume ziehen Glühwürmer Leuchtspuren. Mein Eiswasserglas schwitzt eine immer größer werdende Pfütze.

Nachträge unterm Moskitonetz: Neben der Fleischhalle (New Market) ein offener Durchgang, in dem geschissen, gepißt wird. Männer nach, vor dem Einkauf. Dieses geübte Hocken. Ich halte (vergeblich) den Atem an, bis ich durch und vorbei bin.

In der Fleischhalle, neben den Fleischbänken der Moslems, ein Hund, der ein ungeborenes Lamm oder Zicklein zu verschlingen versucht. Das Ungeborene ist blank, glatt und sieht, wie es feucht glänzt, frisch, appetitlich aus. Zu schlüpfrig: der Hund hat Mühe, sich durchzubeißen.

Schieres Rindfleisch auf den Bänken der Moslems kostet elf bis dreizehn Rupien das Kilo; Lammfleisch (mit Knochen und Innereien) kostet auf den Bänken für Hindus sechsunddreißig bis vierzig Rupien per Kilo. Nicht der Markt, Religionen bestimmen die Preise. (Zur Zeit: eine Mark gleich sechs Rupien, fünfzig Paisa.)

Auf dem Weg zur Hong Kong Bank sehen wir, an eine Mauer gelehnt, eine nackte, wie zufällig von Lumpen bedeckte Frau unbestimmten Alters, die außer von uns – so sieht es aus – von niemandem wahrgenommen wird; und auch wir verlangsamen unseren Schritt nur eine Schrecksekunde lang. Schon abseits vom Betteln. Ausgestoßen von Ausgestoßenen. Ein Versäumnis, daß sie noch lebt. Und überall, auch seitlich der (seit wann schon?) sterbenden Frau, Hammer und Sichel an Wänden, auffällig sorgfältig gepinselt. Schließlich regieren in Westbengalen die Kommunisten und weitere Linksparteien, die das Sterben auf offener Straße verboten haben.

Lebt sie noch? Nachgestellte, verlegene Fragen beim Tee, während ich mich ausschwitze, mein deutsches Porenfett abfließt; oder ist sie, die mit unsereins schon lange fertig ist, auch mit sich endlich fertig?

Lese Lichtenberg, Sudelbücher: »Wenn alle Menschen des Nachmittags um 3 Uhr versteinert würden.«

Den Augenblick – mehr war es nicht! – festhalten: Jenes asphaltschwarze Polizeikastenauto, aus dem Inhaftierte durch schmale, unterm Autodach längs laufende Gitter fingern. Sieben mal sieben Zentimeter mögen die Luftlöcher groß sein. Wie der Kastenwagen von Park Circus in die Mujibar Rahaman Street einbiegt, ist kein Gesicht, kein Auge auszumachen, nur die mageren, nach Luft süchtigen Finger der Gefangenen.

Von Jodabpur Station bringt uns eine Fahrradrikscha nach Umwegen bis vor die Tür. Einen Abend lang in Gastfreundlichkeit aufgehoben. Spät, nach halbgescheitem Geplauder über Calcuttas Zukunft – die Sisalindustrie und der bengalische Film, die Mühsal des U-Bahn-Baus und die Ohnmacht der städtischen Kanalisation – begleitet uns der Gastgeber durch den winzigen Vorgarten und öffnet die mehrmals verriegelte Tür zur Straße: da liegen sie, Mann, Frau, Kinder, gereiht und schlafen. Weitere Schläfer dahinter, daneben, die Beine gestreckt, aufgestellt oder in seitlicher Rundlage angezogen. Ihre Fußsohlen wie Ausweise gezeigt. (Unser nächtliches Gerede über Calcuttas Zukunft wird widerlegt, durch Fußnoten sozusagen ...)

Mittlerweile gehen die Tage, ohne daß der einzelne Tag sein Gesicht fände, ineinander über, verrührt durch gleichbleibend heißfeuchtes Klima. Immer schwerer fällt es, Gedanken zu fassen, die die Entfernung aufheben. Während ich in Lichtenbergs Sudelbuch lese und (zur Aufklärung gehörend) die Komik des Scheiterns genieße, benutzt ein Moslem (und Freund des Gärtners Anvar) die Holzbank auf der Terrasse neben dem Haus der Länge nach für sein Gebet Richtung Mekka; offenbar steht die Bank richtig. Dann sehe ich ihn im Gartendunkel, das einzig von Glühwürmchen gestrichelt wird, verschwinden, Richtung Teeschuppen, wo ihm Abend für Abend die Zeit vergeht.

Eigentlich wollen wir Seide kaufen, dann aber treffen wir im Great Eastern Hotel, neben dem Seidenladen, jenen Holländer, der von Entwicklungsprojekten träumt und zugleich (oder wie nebenbei) mit Seide handelt. Nach einem Mokka zu Cremetörtchen im Grand Hotel Oberoi, vor dessen Portal sich Bettler Schicht nach Schicht ablösen, um dessen Swimmingpool Händler und Zwischenhändler – Touristen gibt es hier kaum – Bier, Whisky, Cola trinken, im Glas schwenken, aus Strohhalmen sückeln, um Calcutta, das hart vorm Portal ansteht, sei's für ein Stündchen nur zu vergessen, zeigt uns der Holländer am nördlichen Rand des Maidan, der einst Schußfeld für Fort William gewesen ist, eine Sehenswürdigkeit der westbengalischen Metropole.

Schräg gegenüber dem Raj Bhavan, in dessen Gästetrakt ich vor elf Jahren (als Vasco, der wiederkehrt) Gast des Gouverneurs hatte sein dürfen, lockt ein kniehoch umzäunter Winkel Zuschauer an. Seine Fläche gehört ganz Ratten und Krähen und scheint geheiligt zu sein. Büroangestellte aus den Geschäftshäusern der Esplanade Row und Angestellte vom Telegrafenamt füttern mittags und nach Büroschluß die Ratten und Krähen mit Chips oder aus Erdnußtütchen, die ein Händler gleich neben dem Gehege anbietet.

Auch wir kaufen Erdnüsse. In Löcher, aus Löchern, nicht größer als Golflöcher, huschen Ratten. Krähen hüpfen, fliegen auf, krallen Speisereste, die die Ratten übriggelassen haben, wie die Ratten von Resten zehren, die ihnen die Krähen lassen. Kein Zank zwischen Art und Art. So friedfertig mögen im Paradies allerlei Tiere einander geduldet haben. Die Krähen kümmern sich um die Ratten nicht; den Ratten sind Krähen egal. Ich freue mich, meinem Getier zu begegnen, und zeichne, sobald sie stillhalten, aus Golflöchern witternde Ratten und ruheloses, geschnäbeltes Schwarz.

Sobald ich zu zählen beginne, komme ich auf mehr als dreißig Krähen; Ratten kann man nicht zählen. Gegenüber, auf der Esplanade Row, beginnt sich, durch Lautsprecher angekündigt, eine Streikversammlung zu formieren. Die Angestellten einer Versicherungsgesellschaft steigern ihre Lohnforderungen ins Revolutionäre, indem sie einer korrekt bekleideten Strohpuppe, die dem Firmenchef gleichen soll, immer wieder den Kopf abschlagen. Einige der streikenden Angestellten suchen Abwechslung bei den Ratten und Krähen, die sie füttern, wie man anderswo Schwäne und Eichhörnchen füttert.

Später hilft uns der Holländer, dessen Entwicklungsprojekt den Seidenwebern bessere Marktchancen verspricht, fünf Meter Rohseide zu kaufen, die neunzig Zentimeter breit liegt.

Theodor Fontane gehört jetzt dazu, nicht aufdringlich, aber oft ungerufen. Er kauft mit uns im New Market ein: seine Kommentare zu hübschen Darjeeling-Packungen und englischen Teetrinkergewohnheiten seinerzeit, während seines ersten, zweiten und dritten Londoner Aufenthalts. Er überredet mich, ein Bügeleisen und (schwieriger) ein Bügelbrett für Ute zu kaufen, die unbedingt bügeln, selber bügeln, trotz feuchter Hitze und Stromsperre bügeln will.

Je länger ich hinsehe, wir hinsehen – und Fontane ist ein süchtiger Beobachter –, kommt uns Indien, jenes Land also, in dessen Elend so viel Geheimnis hineingeredet wird, das als unergründlich, undeutbar gilt, geheimnisloser (sagt er) als Dänemark vor: ein abgeschmackter Aberglaube, die Religion. (Er zitiert sich aus »Unwiederbringlich«: Spitzen gegen den Pietismus.)

Vorsichtig, doch unüberhörbar beginnt er, seine Sympathien für alles Englische wenn nicht in Abrede zu stellen, dann doch zu bekritteln. Wir sollten ihn, samt seinem Faible fürs Historische, ins Victoria Memorial Museum mitnehmen, das am Rande des Maidan klotzt.

Endlich liest Ute »Godan«, einen Roman des Urdu-Schriftstellers Premchand: um eine Kuh geht es und um landlose Bauern, um drückende Zinsen und Brahmanendünkel, um das dörflich alltägliche Indien von gestern und heute. Sie liest langsam, als lese sie im »Stechlin«.

Auf beiden Unterarmen Hitzepickel und Hautreizungen, besonders in der Armbeuge. Die Rückfahrt im überfüllten Zug, stehend eingemauert mitsamt Bügelbrett. Am Bahnhof Baruipur nur ein alter Rikschafahrer. Sein nackter magerer Rücken. Sogar die Fahrradklingel erschöpft. Dann, zwischen Stromsperren, im schwülen, durch nichts bewegten Garten, später unterm Moskitonetz lesen: »Tallhover«. Hans Joachim Schädlich gab mir ein Umbruchexemplar auf die Reise mit.

Ein Buch, das ausweglos seinem Grundeinfall folgt: der schier unsterbliche Agent, Spitzel, Geheimdienstmann überlebt alle Systeme. Ein Experte in Sachen Staatssicherheit, der während der Kaiserzeit, in der Weimarer Republik, solange das Dritte Reich dauert und – ohne Übergang – während der Entstehungszeit der Deutschen Demokratischen Republik (bis zum 17. Juni 1953) unablässig Dienstpflichten nachgeht, immer um die Sache besorgt. Die Sache, das ist die jeweilige Staatsordnung. Aus dieser Sicht werden hundert Jahre deutsche Geschichte zum Dauerfall, zur nicht abgeschlossenen, nicht abzuschließenden Akte. Ein raffiniert einfaches Buch, das den Fixierungen seines Helden vertraut und – abgesehen von steifen Kunstprosapassagen zu Beginn und im Schlußteil des Textes – Sprache aus erkennungsdienstlichen Vorgängen entlehnt, das heißt aus banalen und geschichtsträchtigen Fällen (Lenins Reise nach Rußland). Systemwechsel als fließende Übergänge in Geheimdossiers. Dabei stellt sich keine individuelle

Person vor; die Figur Tallhover entsteht, deren private Biographie, bis auf Andeutungen, ausgespart bleibt. Der Leser kann sich selbst in den Geschichtsverlauf und dessen Aktenordnung einfädeln oder als Ablage begraben. Er kann sich als Tallhover erfolgreich erfolglos erleben und – wäre der Schluß nicht: Tallhovers Selbstverurteilung – als unsterblich begreifen. Ein kompliziert überhöhtes Finale. Der vorher (zwangsläufig) so genauen Sprache wird Bedeutung draufgesattelt. Der Autor gibt seinen Helden auf: nicht Tallhover, dessen beschlossener Tod mutet erfunden an. Ich werde Schädlich schreiben: nein, Tallhover kann nicht sterben.

Nach nächtlichen Güssen bringt uns das Taxi von Ballygunge Station auf überschwemmten Straßen zum Institut. Dort treffen wir uns mit Shuva und einem jungen Maler aus Assam. Ich bestätige in einem Brief, daß ich im Januar die nahe dem Flughafen Dum Dum gelegene Künstlerkolonie »arts acre« einweihen werde. Shuva deutet Streitigkeiten zwischen Gründungsmitgliedern an.

Danach zum Victoria Memorial Museum, diesem steingehauenen Alptraum und letztgültigen Ausweis britischer Kolonialherrschaft. Ein Kuppelbau, die Queen davor in Bronze. Wir hoffen, die Stadtgeschichte Calcuttas dokumentiert zu sehen, den indischen Unabhängigkeitskampf und den der Bengalen, auch die Folgen der Reisverknappung 1943, als über zwei Millionen Flüchtlinge in den Bezirken Midnapur, 24 Parganas und auf den Straßen der Stadt verhungerten. Wir laufen aber nur an vergilbten Stichen, üblichen Ölschinken, imperialen Ahnengalerien, verschieden geschwungenen Säbeln und Dolchen und den mottenzerfressenen Uniformen der Sepoys vorbei. Einige Kuriositäten (Lady Curzons Sari), wenige Dokumente, etwa ein Schreiben, in dem Warren Hastings sein Duell mit Philip Francis der Nachwelt überliefert. Es sollte entschieden werden, wer Generalgouverneur bleiben oder werden durfte. Francis, der zuerst schoß, traf den Hut von Hastings; Hastings verwundete Francis an der Schulter und behielt seinen gewinnbringenden Posten. So wird Geschichte gemacht: die absurde Reduzierung britischer Kolonialherrschaft auf ein (wie Schopenhauer in seiner Polemik gegen Duelle sagt) »primitives Gottesurteil« zwischen Gentlemen am 17. August 1780.

In der Calcutta-Abteilung des Museums, die besonders dürftig ausgestattet ist und Gandhis Bedeutung, wenn nicht unterschlägt, so doch an den Rand verweist, zeigt, zwischen vielen Fotos, ein Foto jenen Subhas Chandra Bose, den wir als Denkmal gesehen hatten. Hier salutiert er in Singapur, wo im Oktober 1943 Truppen der Indischen Nationalarmee paradieren, die zwischen Einheiten der japanischen Burma-Armee gegen britisch-indische Divisionen kämpfen sollen. Hinter Bose steht mit gezogenem Säbel ein japanischer General. Dummdreiste Heldenverehrung; denn nirgendwo werden in diesem weitläufigen Museum der Konflikt zwischen Bose und Gandhi, Boses Bekenntnisse zur Diktatur, seine Bewunderung für Mussolini und Hitler deutlich.

Zwischen allzu vielen nichtssagenden Portraits fällt eines auf, das Philip Burne-Jones (undatiert) von Rudyard Kipling gemalt hat: im Profil am Schreibtisch. Links von ihm liegt die Pfeife, ihm zur rechten Hand steht ein tennisballgroßer Globus. Am linken unteren Bildrand zeugt ein voller Papierkorb (angeschnitten) von der Mühsal täglicher Manuskriptarbeit. Kipling, mit kahler Stirn, trägt eine Halbbrille und blickt konzentriert über den Brillenrand in die Ferne. Überm Bücherbord, das den Hintergrund füllt – Buchtitel sind nicht auszumachen – hängt das Bild (Aquarell?) eines Linienschiffes oder Panzerkreuzers mit zwei hohen Schornsteinen. Das alles im Stil »Neue Sachlichkeit« gemalt.

Ich will von Fontane, der, wie verabredet, dabei ist, wissen, ob er, was seine Balladen betreffe, Kipling in seiner Nachfolge erkenne. Um ihn zu provozieren, ziehe ich zwischen Kiplings Verhältnis zum britischen Empire und Fontanes Haßliebe, bezogen auf Preußen, einige schnelle Vergleiche. Doch der Alte – ich sehe ihn diesmal schlohweiß, kurz vorm Fünfundsiebzigsten – weicht aus und macht Ute auf einige eher zufällige Dokumente vom großen Aufstand in Lucknow, 1857, aufmerksam: Damals habe er sich in London und Schottland aufgehalten, in nicht nur privat schwieriger Situation. Gewiß, die Meuterei und der Tod von Sir Henry Lawrence, den man hier dokumentiert finde, hätten seinerzeit im englischen Blätterwald Echo gefunden. Damals sei er häufig in Museen gewesen, mit Max Müller, einem Jugendfreund aus Zeiten, als man noch Herwegh-Anhänger und überaus aufsässig gewesen, der nun aber Professor und Spezialist für alles Indische, deshalb auch Ratgeber der Queen und – wie er sehe und höre – gegenwärtiger Namenspatron der rheinisch-deutschen Kulturinstitute in Indien sei...

Noch lange hören wir ihn plaudern und räsonieren. Einige Nachfahren seiner Balladenhelden sind als Vizekönige abgebildet. Das Museum ist gut besucht: viel untere Mittelschicht, ländliche Familien, Lehrer mit Schülern. Vor Schlachtenbildern stehen sie, auf denen immer die Engländer siegen.

Im unteren Stockwerk sind die Bilder zweier Maler, Thomas Daniell und William Daniell (Onkel und Neffe), ausgestellt, die 1786, von China kommend, in Calcutta eintrafen, sechs Jahre lang blieben und neben mittelmäßigen Haremsszenen einige genau anmutende Ansichten von Calcutta hinterlassen haben, darunter ein Bild von W. Daniell, auf dem die Stadt, vom Fluß aus gesehen, Venedig gleicht; die gegenwärtigen Überschwemmungen nach den letzten Monsungüssen bestätigen diesen Vergleich.

Später, nach erschöpfenden Umwegen, bei einem Soziologen, dessen Team die Lebensbedingungen der Rikschapuller (Entzug der Lizenzen) und Slumbewohner, speziell an Kanalufern und Bahndämmen, untersucht. Wir essen Fisch, Reis, Linsenbrei und übersüße Milchspeisen. Unser Museumsbesuch interessiert die Soziologen kaum. Verfälschung der Geschichte? Man hat andere Probleme.

Auf dem Bahnsteig Ballygunge Station – wir müssen knapp eine Stunde warten – nähert sich uns einer der vielen Bettler. Da ihm die Unterschenkel bis überm Knie fehlen, rutscht er auf durchgewetzten Lederpolstern. Die leere Blechdose richtet er gegen uns. Ich will ihm einen Zweirupienschein in die Dose stecken, vergreife mich und ziehe einen gleichfalls roten, wenn auch größeren Zwanzigrupienschein aus der Tasche. Das Erschrecken des Verkrüppelten. Schnell läßt er den Schein aus der Dose verschwinden, sieht uns lange unbewegt an, wendet abrupt, rutscht auf den Polsterknien weg, stemmt sich wenig später abermals auf uns zu, nah heran und zeigt ein mehrfach gefaltetes Papier vor, auf dem mit Maschinenschrift und Stempel ein Polizeikommissar des Krüppels Ehrenhaftigkeit bestätigt: Er kenne ihn seit zwanzig Jahren. Seit zehn Jahren sei er, nach einem Unfall, invalid. Er habe Familie usw.

In kompakter Masse im Pendelzug stehend, mit einzigem Halt an überbelegten Griffen, schweigen alle, denen wir so nah wie fremd sind. Angekommen in Baruipur – und obgleich die Ventilatoren laufen –, fällt Ute zusammen: Das ist zu viel, täglich zu viel; und niemand, auch kein Fontane kann helfen.

Schon früh, wie gestern schon, doch heute von Gewittern und Wolkenbrüchen begleitet, brüllt in der Nachbarschaft ein Radio mit voller Lautstärke, als wolle es sich als Neuerwerbung beweisen. Nur wenig entfernter ein weiteres Radio mit anderem Programm. Doch beide Sender überschreien einander in gleicher Tonlage: die Ohrwürmer indischer Film- und Schlagermusik, nun über leichtem Dauerregen.

Die Fliegen hier sind von gedrungen kräftigem Wuchs und entschiedener Farbe. Grünschwarz der Rumpf und satt rot Kopf- samt Augenpartien. Mit ihrem Glanz, der makellos ist, begleiten sie unser Frühstück; neuerdings kommt alltäglich die Zeitung: »The Telegraph«.

Von Lichtenberg zu Schopenhauer: »Parerga und Paralipomena«. Nahtlos führt diese Lektüre in alle Schrecknisse der Gegenwart. (Als der Siebzehnjährige in Toulon – auf Bildungsreise – Galeerensklaven in Ketten sah, war sein Menschenbild grundiert; nur noch ausgemalt mußte es werden.)

Nachdem wir am Morgen mit der Fahrradrikscha zum Post Office nach Gobindapur gefahren sind: keine Briefe, aber lautlos kreisende Geier über dem grün umwucherten, ländlich locker besiedelten Ort. Reisfelder zwischen Teichen. Überall jetzt schon Altäre für Durga Pujah, das kommende Fest. Und als Kontrast zu den Geiern: plärrende Lautsprecher.

Erschöpft aus Calcutta zurück. (Katholisch gezählt, müßte sich jede Bahnfahrt wie Sündennachlaß verrechnen.) Utes Ekel vor allem, was sie anfassen, riechen muß. Sie duscht lange. Ich sitze in meinem Schweiß, trinke abgekochtes Eiswasser, rauche ein Zigarillo. Frösche, Grillen, des Nachbars Ente. Zum Glück kein Radio mehr.

... nach dem Wolkenbruch heute nacht dampft der Garten. Vorsicht! Keine überflüssige Bewegung! Allenfalls Lichtenberg lesen, dessen Prosa kühlt. Wie er die Kritiker zu seiner Zeit (mit Nachhall bis heute) trifft, wie er sich immer wieder – und nicht ohne Genuß – den »Frankfurter Rezensenten« vornimmt. Gleich kommt mir, wie aufgerufen, ein gegenwärtiges Exemplar in die Quere, dessen eloquenter Pfusch sich ungeschmälerter Wirkung erfreut, weil weit und breit kein Lichtenberg dem Beckmesser sein einzig gültiges Werkzeug, die Meßlatte des Sozialistischen Realismus, nachweist. Dabei erinnere ich mich an seine umtriebige Präsenz während der letzten Treffen der Gruppe 47: ein amüsanter Literaturnarr, liebenswert noch in seinen Fehlurteilen. Erst als ihm die Chefetage der FAZ Macht zuschanzte – das große Geld weiß, was frommt –, wurden seine Verrisse übellaunig bis bösartig, mißriet er zu Lichtenbergs »Frankfurter Rezensenten«.

Hirnschalen grüner Kokosnüsse, die mit dem Haumesser angeschlagen werden und deren Fruchtwasser, wie das noch weiche Fruchtfleisch, als gesund gilt, weshalb es Blasenkrankheiten heilen soll, liegen, wo überall grüne Kokosnüsse Ware für schnellen Verbrauch sind, leer und als Abfall auch dort, wo andere Abfälle den städtischen Müll wachsen lassen. Sie liegen dergestalt anschaulich zu Haufen geschichtet, daß ich zwischen den Kokosnüssen abgeschlagene Köpfe zu sehen glaube, hier Hindus, dort Moslems, wie sie allzeit, nicht nur im Jahr der Unabhängigkeit, das mit Haumesserschärfe als Teilung begann, auf Calcuttas Straßen, in Kalighat und am Park Circus, nahe dem Lal Bazar und selbst in der College Street, geschichtet lagen und wieder, demnächst, zuhauf liegen werden.

Mit Strohhalmen, die wir für neu ansehen, trinken wir, um nicht Leitungswasser trinken zu müssen, grüne Nüsse leer. (Sechs Liter Flüssigkeit pro Tag diktiert das Klima.) Ein Hauspan als Löffel fürs Fruchtfleisch. Schmeckt fade, erfrischt aber.

An Straßenecken, vor Kinos, Tempeln, seitlich Tankstellen und neben buntbemalten Zuckerrohrpressen, im Gedränge vor Ballygunge Station: oft ist es, neben kopfgroßen Nüssen, Kali persönlich mit ihrem Haumesser, das dem Achtelmond gleicht. Sie hockt, wie jeder hier hockt: auf Fersen seitlich der griffigen Ware. Mit wenigen Hieben öffnet sie die zwischen Hieb und Hieb hüpfende Frucht. Handwerk, das nicht aus der Übung kommt. (Zwölfarmig schlägt sie nur in Legenden oder auf bunten Abbildungen zu.) Plötzlich zeigt sie die Zunge: ein Kopf, männlich. Noch einer, kahl, verdeckt von leergesoffenen, leergelöffelten Früchten. (Wir, auf Ausgleich bedacht, vermuten Köpfe korrupter Politiker oder einen Brahmanen, der ihr dazwischenkam.)

Schnell wechselnde Kundschaft, nicht nur von nebenan. Ein Kind, das alles sammelt, sammelt gebrauchte Strohhalme ein. Die wachsende Schädelstätte. Später Krähen drauf, die immer neue Krähen dem Himmel abziehen. Zu Schlußverkaufspreisen Schwärze.

Dhapa, eine weitläufige Landschaft, die sich aus geschichtetem Müll erfindet. Schluchten in den mehrmals umgegrabenen Müll geschlagen; nichts darf verlorengehen. Krähen, Geier, Kühe, Ziegen und Kipplader, die Tag und Nacht aus der Stadt kommen, denn nie nimmt der Müll ein Ende, sind Teil dieser Landschaft. Alles: was wer sammelt, wo abgibt, wer welchem Müllkipper zugeordnet ist; alles: wer weitergibt und an wen, wer zwischenhandelt und weiß, wann Müllkipper mit Last aus Hotels und Hospitälern kommen; alles: nicht nur der Streik der Müllabfuhr ist organisiert.

Und in den Müllbergen steht eine Baracke als Schule, in der Müllkinder ernsthaft und konzentriert Wörter lernen, die in einer anderen Welt (oder Landschaft) Bedeutung haben, weit weg, hinter den sieben Müllbergen...

In einer der vertrauensvoll dem Verfall überlassenen Villen aus der Kolonialzeit wohnen Mrs. und Mr. Karlekar. Sie kommen aus Brahmanenfamilien, doch das ist lange her, vergessen wie Kinderkrankheiten. Sie hat ihr Leben lang Lehrerinnen ausgebildet, er war im Schiffsbau tätig. Jetzt sind sie weit über siebzig; vor zehn Jahren haben beide im benachbarten Slum Monoharpukur eine Schule mit Kindergarten eingerichtet und sind dann nach Dhapa, in die Müllberge vorgestoßen. »Calcutta Social Project« heißt ihre Organisation. Gegen den Widerstand der Kommunistischen Partei, die auch diese Region politisch beherrscht, wurde schließlich ihrem Projekt ein Platz zugewiesen und der Schule Lehrerlaubnis erteilt. Viele Müllkinder kommen aus Bauernfamilien, die auf älterem Müll, der nach drei Monsunzeiten zu Humus wird, Gemüse anbauen, auffallend viel Blumenkohl.

Wir fahren in einem klapprigen Jeep mit dem alten Ehepaar zuerst in den benachbarten Slum, dann nach Dhapa. Unter dem Vordach der Schulbaracke hocken etwa dreißig Kleinkinder auf Bastmatten, von älteren Kindern gehütet. Im Mauerschatten ein Altar: drei glatte eiförmige Steine.

In allen Klassenräumen wird gelernt, als könne Wissen Berge versetzen, als seien alle Berge Müllberge nur. Einige der jungen Lehrer (bei dreihundertfünfzig Rupien Monatsgehalt) waren einst Schüler in der Slumschule Monoharpukur. Später tanzen die Kinder für uns: Tänze, in denen bäuerliche Arbeit – Säen, Hacken, Ernten, Dreschen – die Bewegungen bestimmt, danach einen Tanz, begleitet von englisch anmutendem Sprechgesang, in dessen Verlauf ein Kranker vom Doktor untersucht, operiert und geheilt wird. Der Ernst der Kinder hebt die Komik der Darbietung auf.

Schon sind uns die Fliegen, der Gestank, die kreisenden Geier über der Schule inmitten der Müllberge gewohnt und natürlich.

In einer der Göttergeschichten heißt es: in rechter Hand, an einem Arm ihrer zehn Arme, die Sichel schon hoch, habe Kali in ihrer Raserei die Zunge gezeigt, als ihr (vielleicht durch Zuruf von außen) bewußt wurde, daß sie zuletzt ihrem Göttergatten Shiva, der, gleich Kali, Gottheit der Zerstörung ist, an die Gurgel wollte; Zunge zeigen als Zeichen von Scham. Seitdem ist Kali in Abbildern käuflich: als bemalte Tonfigur, auf glänzenden Postern, zehnarmig, zehnfüßig, oft auch der Kopf vervielfacht, entsprechend die Zunge. Hängt den Lappen raus, bekennt Farbe. Ringsum, sagt die Legende, besorgt ihr Gefolge, zehntausend entfesselte Weiber, noch das allerletzte Kopfabgeschäft, da zögert sie, schont den schlafenden, wie immer nichtsahnenden Gott, läßt ihm sein traumseliges Lächeln und zeigt ihren Ausweis vor.

Ähnlich Einstein auf dem bekannten Foto. Es sollen ihn Journalisten provoziert haben. Seine – wie Kalis – Zunge ist übertrieben lang. Abgesehen von der hechelnden Zudringlichkeit einer Zunft, die mit Vorliebe von privaten Abfällen lebt, könnte Scham auch Einstein befohlen haben, die Zunge zu zeigen.

Er und die Schwarze Göttin, beide auf einem Großplakat. Oder ich denke mir ein Gespräch aus, in dem sie zum Thema Jetztzeit-Letztzeit Erfahrungen austauschen. Ort der Plauderei Dhapa, Calcuttas Mülldeponie. Zwischen den Müllkindern. Krähen und Geier darüber. Beide bilanzieren die Welt und deren finalen Zuwachs. Ein Kipplader kommt, schüttet aus. Die Kinder suchen, finden und zeigen vor. Einstein und Kali vergleichen ihre Zungen. Fototermin. Die Müllkinder lachen.

Ziegelgedeckte, gemauerte Großslums, Bustees genannt, sind seit Jahrzehnten, einige noch aus der Zeit britischer Herrschaft, gewachsener Teil Calcuttas. Anders die kleinen und mittelgroßen, aus dem Zentrum an die Bahngleise und Ausfahrtsstraßen verdrängten Slums. Sie entstehen wie über Nacht aus Zelten, Verschlägen, gebrechlichen Hütten, verschwinden plötzlich, wachsen woanders, längs Abwässerkanälen oder neben Neubausiedlungen. Nahe Dhapa etwa, an der Zufahrtsstraße Richtung Airport Dum Dum:

gegen die Straßenböschung drängt, von nur halbhoher Mauer gehalten, ein wildwuchernder Slum, der sich unter den schwarzwütig qualmenden Doppelschornsteinen einer angrenzenden Fabrik duckt.

Leicht schräg auseinanderstrebend, gehalten von Drahtseilen, ragen die blechernen, von spitzen Kappen beschirmten Schornsteine aus dem neunzehnten Jahrhundert, als Engels die Lage der arbeitenden Klasse in England beschrieb, in unsere Zeit, die geübt ist, rasch Abschied zu nehmen, und sich davonläuft bis zur Unkenntlichkeit. Vom Elend abgesehen – und Gewohnheit lädt zum Absehen ein –, gehört der Slum zur Fabrik und ihrem täglichen Auswurf: Dächer, gefügt aus Teerpappe, Plastikfetzen, Sperrholz und restlichen Dachziegeln, mit Lumpen verstopft, jedes Dach anders verfilzt. Säcke, Strohmatten, von Steinen und Knüppelholz beschwert. Blech auf Blech rostend, drauf Autoreifen, schlappe Schläuche, plattgewalzt eine Kühlerhaube. Und ineinander gestaucht: Körbe, Siebe, Kisten. Mit Draht verzurrt alles, mit Sisalstricken. Lage auf Lage Zufall, Fundsachen, Armseligkeit oder Reichtum anderer Art.

Wollte man eine dieser einzig aus Notwendigkeit gewachsenen Slumhütten der Stadt Frankfurt am Main gegen Gebühr ausleihen und dorthin setzen, wo neben dem Hochhaus der Deutschen Bank des Bildhauers Bill aus Granit gehauene Skulptur ja sagt, immer wieder ja sagt zur überragenden Bank, weil sie, als endlose Schleife einzig selbst verliebt, ganz ohne Widerspruch schön ist und makellos den auf ewig datierten Kreislauf des Geldes bestätigt; wollte man also den seine Fehllosigkeit feiernden Granit aufheben und eine einzige Slumhütte, getreu, wie die Not sie gefügt hat, neben den gläsernen Hochmut der Deutschen Bank setzen, wäre die Schönheit sogleich auf Seite der Hütte und auch die Wahrheit, die Zukunft sogar: denn aufs Knie fallen wird die Spiegelkunst aller dem Geld geweihten Paläste, während die Slumhütten immer wieder (und jede anders) von morgen sein werden.

Die vielen Feuerstellen zwischen und vor den Buden seitlich der Straße zum östlichen Bypaß an Dhapa vorbei. Gelbgräulicher Rauch liegt überm Slum, fasernd, eine zerschlissene Decke.

Es stehen uns hundertundachtzig Kilometer Hinfahrt und die Rückfahrt bevor: das Ziel heißt Vishnupur in Westbengalen, das auf der Straßenkarte Bishnupur geschrieben wird. Shuva und seine Frau Sipra haben den Mietwagen auf sechs Uhr in der Frühe bestellt.

Zum ersten Mal sitzt ein Fahrer am Steuer, der ohne Gespür für Schlaglöcher und Hemmschwellen ist, jene in Ortschaften als querliegende Wülste dem Pflaster beigebrachten Zäsuren gegen Schnellfahrer, zumeist in Dreierstafflung erdacht. Sechzig Kilometer vorm Ziel beginnt der Motor zu streiken. Sechs, sieben Mal müssen wir in Dörfern oder auf freier Strecke halten, bis es dem Fahrer gelingt, durch Ansaugen, Ausspucken, Pusten die Benzinleitung und mit ihr den Motor für einige Kilometer günstig zu stimmen. Erst in Vishnupur wird ein Mechaniker die Zündkerzen und sonst noch was auswechseln; doch werden sich, als Fortsetzung andauernden Verfalls, während der Rückfahrt Verkleidungsteile vom linken Vorderrad lösen.

So nervös (und ergebnislos) Shuva mit dem Fahrer streitet, uns gefallen die Zwangsaufenthalte auf der Landstraße und in den Dörfern. Der Ochsenkarren-, Fußgängerverkehr. Unter Kopflasten halten alte Frauen seitlich Knüppel und Äste: das tägliche Brennholz. Auch Kinder auf Holzsuche, Bauernmädchen mit seitlichem Nasenring. Es heißt, daß Tag für Tag ein bis zwei Mitglieder jeder Familie kilometerweit unterwegs sind. Auch deshalb die vielen Kinder, auch deshalb sterben die Wälder ab, deshalb wächst, außer Kindern, nichts nach.

Den Straßenbäumen sind Schäden nicht anzusehen. Unter einem weitausladenden Baum hockt zwischen aufragenden Knien ein Mann, der geometrische Formen, Dreiecke – spitzoben, spitzunten – in den Sand zeichnet und wortlos, mit hüpfenden Steinen in der freien Hand, Vorübergehende zum Spiel lockt. Niemand will mit ihm spielen. Er löscht die Zeichnung, gibt die Hockstellung auf und geht mit seinen Spielsteinen davon. Zwischen Panne und Panne trinken wir grüne Kokosnüsse leer.

Endlich in Vishnupur. Eine der üblichen Kleinstädte, hier jedoch neben weitläufigen Tempelanlagen, die vom zehnten bis zum siebzehnten Jahrhundert gebaut wurden und früher als Tempel- und Residenzstadt von Festungsanlagen umwallt waren, von denen noch einige Türme und das Haupttor erhalten sind; ein Fürstentum, das, durch Dschungel und Wasser geschützt, nicht unter Mogulherrschaft geriet wie weite Bereiche in Bengalen und Orissa. (Doch so kenntnisreich Shuva sich an den Tempelanlagen begeistert, seine Erklärungen wärmen einzig kunstgeschichtlichen Brei auf.) Die Tourist Lodge, ein Regierungsunternehmen, in der wir uns waschen und – bei schleppender Bedienung – Fisch, Reis und Linsenbrei essen, der Dal genannt wird, weckt Erinnerungen an Reisen durch Ostblockstaaten: unterm laufenden Fan fließt im Zimmer, in dem wir uns waschen, nur brühheißes Wasser.

Die Tempel liegen in melancholisch anmutender Landschaft. Reste der Erdwälle, zerfallene Hütten, Ziegen zwischen überwachsenen Trümmern – und Ansätze von Einrichtungen zur Förderung des Tourismus: die Eingangspforte zum Tempelbereich ist durch metallene Drehkreuze zum Einlaß für immer nur eine Person nach der anderen bestimmt, als könne in naher Zukunft mit Massenandrang gerechnet werden.

Von vier Tempeln beeindrucken besonders die beiden Terrakotta-Tempel durch geschlossene Form und Vielfalt der figürlichen und ornamentalen Ziegel. Jore Bangla ist ein Doppeltempel, dessen Pilzdächer den bengalischen Bauernhäusern dieser Region – darunter zweistöckige Bambuskonstruktionen – gleichen. Rotgebrannter Ton, der aber, weil verschieden hart gebrannt, in Färbung und Flammung variiert. Kein Ziegel ungestaltet, selbst die von Witterungsschäden zerfressenen leben noch, ein jeder für sich. Heiterer Krishna-Kult spielt sich von Ziegel zu Ziegel ab. Immer wieder er mit Flöte, Tieren und Frauen. Die Tiere in einfacher, doch nicht primitiver Gestaltung. Fern aller mystifizierenden Spekulation ist in erzählten Legenden eine sinnliche Religion abgebildet. Alles hat menschliches Maß und bleibt, obgleich von strenger Form gefaßt, dennoch verspielt. (Später fällt auf, daß nirgendwo am Rand des Tempelgeländes Töpferwerkstätten zu sehen sind; nicht einmal handwerkliche Nachfolge ist von dieser Kultur geblieben.)

Vor dem Tempel Rashmancha, einer von Galerien ummantelten, düsteren Basalt-Pyramide, weitet sich ein Platz, auf dem unter hohen Bäumen Hahnenkämpfe stattfinden. Den Blick verengen. Vor der entrückten Pyramide die Hähne übergroß gegeneinander gestellt: ihre steilen Kämme. Den Kreis wettender Zuschauer (im Bild) aussparen. Seitab liegen Köpfe und Füße besiegter Hähne. Vorher das kostbare Messer vom Sporn gebunden. In Käfigen wartende Hähne.

Zur Straße hin, wo mit üblichem Müll die Stadt beginnt, turnen in hohen, unendlich verzweigten Bäumen zwei Affen. Massen Männer, nur Männer in weißer Baumwolle, kommen von einer Sportveranstaltung zurück: ernst, verschlossen, als habe die falsche Mannschaft gesiegt. Auch hier auf einem Platz Subhas Chandra Bose: als Büste nur und nicht hoch zu Roß. (In Vishnupur fand 1938, kurz nach Boses Rückkehr aus Europa, unter seinem Vorsitz eine Konferenz der Kongreßpartei statt.)

Acht Stunden dauerte die Hinfahrt. Wir fürchten uns vor der Rückfahrt bei Nacht. (Die Schlaglöcher, die Hemmschwellen, mit mürrischem Gleichmut der Fahrer am Steuer.)

Dann liegt Mondlicht auf allen Teichen. In Gedanken, nicht abzustellen, bin ich bei Schädlichs »Tallhover«. Immer wieder das Romanende variiert: Tallhover, unsterblich, lebt nun im Westen, führt neue Erkennungsmethoden ein, wird Rasterfahnder...

... um Mitternacht endlich vom Platz der fünf mündenden Straßen, auf dem »Netaji« in Bronze mit Brille in Richtung Delhi reitet, durch Nordcalcutta. Die betriebsame Hölle. Da liegen sie: aus dem Zentrum verdrängte Pavementdweller, die das Land (Bengalen, Bihar, Orissa) ausgespien hat, die kein Slum haben und halten will, denen einzig das Pflaster bleibt, auf beiden Seiten der Hauptstraße nach Sealdah Station und weiter. Vor Fassaden gereiht liegen sie, verschattet oder von wenigen Bogenleuchten (noch in Betrieb) fahl ausgeleuchtet für einen Film, den niemand drehen wird. Schläfer in Familienordnung, vereinzelte Schläfer, streunende Hunde dazwischen. Kühe, heilig und ruhelos, die diesen Schlaf bewachen.

Jeder schläft anders. Glieder aufgestellt und verschränkt. Zu Mumien gewickelt oder unter zu kurzem Laken. Kinderbündel in Reihe. Verstellt von Müllsäcken, Altpapierbündeln, vermehren sie sich im Schlaf. Knochig und bleich ragt ein Kalb ins Bild.

Das alles gesehn von der Fahrbahnmitte: geschüttelt, im Sprung sind die Bilder verwackelt, reißt plötzlich Licht Fassaden auf, haut Dunkel dazwischen, liegen noch immer offene Teebuden quer und offen auch Märkte für Durga Pujah – fällt alles und fallen die wenigen grellen Bogenlampen, als habe ein Expressionist sich diese Straßenflucht für eine Holzschnittfolge erdacht, fallsüchtig in sich zusammen. Einzig wirklich bleiben die Schläfer, wenn auch um Jahrhunderte zurück: verhüllt oder offenen Mundes sind sie liegengeblieben, während die Zeit und ihr Vorläufer Fortschritt alles (ihnen entgegen) ins Rutschen gebracht haben.

Doch zwischen den tausend Schläfern sehen wir einen wach, lesend bei kleinem Licht. Sind es fromme Mantras oder Donald Duck in bengalischer Fassung, sind es Verse, die ohne Unterlaß der Dichter Tagore schrieb, oder steht Zukünftiges gedruckt: Netajis Rückkehr auf weißem Pferd, wie die Legende flüstert?

Diesen Leser inmitten Schlaf (und auch die Träume der tausend Schläfer) überschreit der Verkehr. Einander verfolgende Laster, »Mother Dairys« Milchtransporter, Tieflader voller Schrott schlagen die Straße zum Trümmerfeld. Dazwischen werden auf Karren und unter Zurufen gebündelte Bambusstangen von Männern geschoben, die sich kleinwüchsig muskulös gegen die überlange Last stemmen; nur nachts wird das sperrige Material für Tribünen und Baugerüste geliefert.

Und auf den Schläfern, Todschläfern, die bald wieder leben werden, lasten die Abgase eines nie endenden Tages.

Alles schimmelt: die Schuhe, die Pfeifen, letzte Zigarren, Rücken neben Rücken: die Bücher…

Im Heft L schreibt Lichtenberg: »Man spricht viel von Aufklärung, und wünscht mehr Licht. Mein Gott was hilft aber alles Licht, wenn die Leute entweder keine Augen haben, oder die, die sie haben, vorsätzlich verschließen?« Im nämlichen Sudelbuch spricht der gleiche Lichtenberg immer wieder seine Verachtung für die Juden als Volk aus, etwa, indem er die Vertreibung einiger jüdischer Familien aus Göttingen gutheißt oder an anderer Stelle den von ihm hochgeschätzten Moses Mendelssohn nur im Zusammenhang mit dessen geistigem Umfeld (Berlin) gelten läßt und dann sogar die Juden eine »sehr unnütze Frucht« nennt, »[...] die unter anderem Klima nicht gedeiht«.

Die Frage nach der Entstehung des Antisemitismus und dessen Folgen bis zur Wannseekonferenz und Auschwitz läßt sich nicht mit Hinweisen auf mangelnde Aufklärung beantworten, wenn einer der scharfsinnigsten Aufklärer zwischen bis heute gültigen Erkenntnissen den verstockten Antisemiten vorkehrt. Warum war mir diese Seite meines Lichtenberg, der sich so gerne auf Lessing beruft, bisher verborgen? Und ist, in Nachfolge, Fontanes ironisch herablassende Freundlichkeit im Umgang mit Juden (und seine Kritik an Gustav Freytags antisemitischem Roman »Soll und Haben«) von vergleichbarer Borniertheit?

Heute früh (beim Fliegenfrühstück) hofft im »Telegraph« der Autor eines längeren Artikels über »Indien im Jahr 2001«, daß durch Computerisierung der Verwaltung die Korruption abgeschafft und endlich eine gerechte Landreform eingeleitet werden könne. – Aufklärung als Aberglaube.

Sie liest nicht mehr Fontane. Er wischt Schimmel von Bucheinbänden. Sie bügelt Wäsche für Puri. Er hofft, daß ihr die Tempelstadt ein wenig gefallen, guttun, helfen möge. Eine Woche am Meer. Wir stellen uns weitläufige Strände vor. Weg von Calcutta: Luftholen. Der Puri-Expreß fährt heute abend von Howrah Station ab.

Ich habe »Parerga und Paralipomena« ausgelesen, sofern man diese Summierung abgerechneter Lebenserfahrung auslesen kann. Seine mit Genuß treffsicher geführten Beweise, daß nichts gewiß, auf nichts Verlaß und nichts von Dauer ist, hebt Schopenhauer auf, indem er das Sicherheitsprinzip zur Maxime erhebt, penetrant abrechnend auf Heller und Pfennig. Überall blinzelt, sobald er Vorkehrungen gegen die Anschläge des Lebens trifft, sein haushälterischer Umgang mit ererbtem Vermögen durch. So kühn und erbarmungslos seine Polemik zuschlägt, wenn sie das Mittelmaß und dessen Phrasen am Wickel hat, so ängstlich redet er einer allgemeinen »Schlechtwetterversicherung« das Wort. Nach großer Eröffnung – und er legt alle bemäntelten Schrecknisse frei und führt, wie ein Zirkusdirektor seine Raubtiere, jegliche menschliche Bestialität dem Publikum vor – bleibt unterm Strich eine Spießermoral übrig; jedenfalls von Calcutta aus bewertet.

Die Frau des Gärtners, Djanara, jammert, weil Ute, die sie Didi, ältere Schwester, nennt, solange fort sein wird. Einen Shawl für Djerul will sie stricken, wie in allabendlicher Strickstunde gelernt. Nachdem die Blasenentzündung kuriert zu sein scheint, lassen hoffentlich Utes Ohrenschmerzen nach. Die Summe wechselnder Krankheiten und oft gleichzeitiger Beschwerden beunruhigt. (Sie will nicht mehr Fieber messen; ihm fällt wenig, zu wenig zu ihrem unausgesprochenen Leid ein.) Vielleicht hilft die Woche in Puri. Immer weitläufiger werden die Strände in unserer Vorstellung.

Schopenhauer nach Lichtenberg zu lesen erlaubt Vergleiche. Beide sind Pessimisten, doch findet Lichtenberg an skeptischen Einsichten kein Genüge, er bleibt offen, neugierig, leidensfähig; Schopenhauer hingegen sitzt auf gesammelten Erkenntnissen, weist den Leser darauf hin, beruft sich auf seine »Welt als Wille und Vorstellung«, auch auf die frühe Schrift von der »Freiheit des menschlichen Willens«, will also recht behalten und behält (ärgerlicherweise) recht, so hohnlachend seine Wahrheiten auftreten.

Nach unruhiger Nacht im Schlafwagen: durch den Bundesstaat Orissa. Es regnet. In Feldern stehen Männer unter Bastkapuzen, die bis zu den Knien reichen. Auch hier die allindische Morgenzeremonie: Waschungen öffentlich, hockende Scheißer an Feldrändern, Bahndämmen, in Wasserläufen, auch um Pumpen auf Bahnhöfen. Dagegen das sorgfältige, kultisch anmutende Zähneputzen. Sich wiederholende Landschaft, die bloße Gegend ist.

Puri ist eine auf den Jaganath-Tempel zugeschnittene Pilger- und Bettlerstadt. Buden, Garküchen, in Horden Affen auf Tempelmauern. Knallbunt bemalte Götter und Dämonen, die allesamt Fratzen schneiden, fassen das Tor ein: für Ungläubige kein Zutritt. Überm Jaganath-Turm, einem schnörkelig verkrusteten Riesenpenis, treiben mit Drohgebärden Monsunwolken. Allzu leicht bieten sich Vergleiche mit katholischen Wallfahrtsorten an: weltweit in Furcht und Schrecken gehaltener Glaube an farbigen Schwindel.

Von der Hotelterrasse aus sehen wir das Meer, die Brandung. Kolonialmöbel. Lautlose Kellner, uniformiert mit Turban. Der restaurierte Charme einer einst britischen Absteige umgibt uns. Nur wenige Gäste beim Abendessen, das schlechte indische mit normal-englischer Küche mischt. Ein hochmütig abweisender Brahmane samt fetter Frau, ein jüngeres italienisches Paar, zwei lustlos im Essen stochernde Amerikaner. (Wir hätten, um das Gespräch von Tisch zu Tisch zu beleben, Fontane mitnehmen sollen.)

In der Bar bietet die hinterbliebene Leihbibliothek einen Wandschrank voller zerlesener Schwarten auf englisch an, darunter Bücher von Subhas Chandra Bose. Beim Blättern lese ich seinen Triumph über die militärischen Siege der Deutschen, 1940, kurz vor seiner Flucht nach Europa geschrieben.

Im Fernsehen spielt sich eine indische Seifenoper ab. Kaum sitzen wir in den Kolonialstühlen, schnappt die Falle zu, werden wir zu Engländern und reden auch so, gleichmütig herablassend: Die Katzen hier sind so häßlich wie die Hunde.

Vor dem Hotel warten alte Männer unter spitzen Fischermützen auf Gäste, die in der Brandung baden wollen; unabweislich bieten sie ihren Beistand an. Näher besehen, ist der Strand, so weitläufig er sich zieht, auf Schritt und Tritt vollgeschissen: mal hell krümelig trocken, mal schwarzbraun dünnflüssig. Unabsehbar dehnt sich nach Osten ein Fischerdorf, in dem während der Fangsaison (von September bis Anfang Januar) dichtgedrängt über zehntausend Menschen leben. Danach holt Erntearbeit einen Teil der Männer und Frauen aufs Land.

Die Boote aus grobbehauenen Langhölzern sind durch Spundlöcher zusammengebunden. Wir sehen, als biete sich einzig uns diese Schaustellung, mit wieviel Geschick die Fischer ihre Boote beim Anlanden (mittags) durch die Brandung bringen. Nicht mit Heckrudern, mit breiten Löffelpaddeln wird gesteuert. Seitab fischen zwei junge Burschen mit einem Netz zwischen Stangen die Brandung ab. Den Strand lang Würfe von Kindern. Über allem die Gischt.

Dem Hotel gegenüber teilt eine Kloake den Strand, die bei Flut anschwillt und bei Ebbe mit starker Strömung ins Meer fließt. Ich sehe, wie Männer in der Kloake fischen. Zwei Netze abwechselnd in Arbeit. Während dem einen Netz der Fang abgesucht wird, halten fünf Männer das andere gegen die Strömung. Aus Schlamm und Müll, aus Puris Pilger- und Bettlerscheiße klauben sie kleinfingerlange Fische, die, wenn sie lange genug die Kloake abfischen, den Männern für eine Mahlzeit reichen werden. Sie reden kaum dabei. Selten Zurufe von Netz zu Netz. Vor ihnen, hinterm Strandbuckel brandet das Meer. Aber sie dürfen im Meer nicht ihr Netz spannen, dürfen nicht, wie die jungen Burschen seitab vom Dorf, die Brandung abfischen; sie sind Unberührbare, gehören der Kloake an, sind Kloake: lebenslänglich.

Von unseren Palmen aus, die das Eastern Railway Hotel in lockerer Reihe abschirmen, sind die Kloakenfischer nicht zu sehen. Aber ich weiß, daß sie da sind. Niemand, kein Gesundbeter mittels Statistik, kein Liebhaber indischen Tiefsinns, kein sanfter Indologe, dem sich alles, auch die Kloake zu ewiger Ordnung fügt, wird sie mir wegschwatzen können. Es ist Teezeit. Umlauert von den häßlichen Katzen und übergangslos, als grenze (wie bei Schopenhauer) Hölle an Hölle, lese ich »Die Blendung« von Canetti, abgesichert im Kolonialgestühl.

Tags darauf fahren wir im Mietwagen mit dem italienischen Paar nach Konarak zum Sonnentempel, auch Schwarzer Tempel genannt. Beim Frühstück vor der Abreise steht im »Statesman«, daß Shuva, der mit seinen Malschülern (auf Motivsuche) eigentlich auch nach Puri und uns treffen wollte, verhaftet worden ist. Einer seiner Schüler beging Selbstmord und beschuldigte ihn in einem hinterlassenen Brief, Stiftungsgelder für »arts acre« unterschlagen zu haben. Aus Ermittlungsgründen muß Shuva in Untersuchungshaft bleiben. (Außerdem steht in der Zeitung, daß Calcutta Überschwemmungen drohen. Ein Sturmtief überm Golf von Bengalen soll schuld sein.) Ich möchte nicht zum Sonnentempel, möchte nicht hier, will in Calcutta sein.

Parallel zum Meer fahren wir durch flache Gegend, die gleichmäßig mit langnadligen Jungtannen aufgeforstet ist. Pia und Emilio kommen aus Bergamo; sie ist Kunsterzieherin, er Agronom. Die Tempel liegen umgeben von schattenwerfenden Bäumen. Hinter dem ersten Tempel, dessen Oberteil Ruine ist, bildet der zweite mit vierundzwanzig Rädern und Pferden davor einen Wagen ab. Die Räder und der figurale Schmuck – kunstvolle Steinmetz- und Bildhauerarbeit aus dem dreizehnten Jahrhundert – sind stark verwittert und im hinteren Bereich zerstört, so daß ein Teil des Tempels einem Steinbruch gleicht. In Nischen, groß genug, ein Kleinkind hineinzustellen, üben steingehauene Paare die Liebe, als wollten sie das Kamasutram illustrieren. Emilio legt einen neuen Film ein. Pia sucht Schatten. Ute hat Fieber, sie friert in der Sonne. Ich schaue den Steinmetzen zu, die gegen den Verfall des Tempels in Lohn sind.

Beim Zwischenhalt während der Rückfahrt laufen wir den Strand lang bis zu den ersten Hütten eines Fischerdorfes. Letzte Boote kehren zurück. Jede Anlandung ist Kampf. Einige Boote kentern und werden inmitten der Brandung wieder aufgerichtet. Da Segel, Netze und Fang vertaut sind, geht nichts verloren. Aufläufe am Strand, weil die Fänge sogleich von Bootseignern abgeholt, von Fischhändlern aufgekauft werden. Streit zwischen Fischern und Händlern. Die fremde Sprache, die deutlichen Gesten. Erschreckend viele Kinder, die, kaum sehen sie uns, zu betteln beginnen. (Emilio kauft einen größeren Fisch, den uns später der Hotelkoch zubereiten wird.) Auch hier, wie vor dem Fischerdorf nahe dem »Eastern Railway Hotel«, ist der Strand vollgeschissen. Weitere Boote landen gebrechlich an, doch Pia und Ute wollen nicht mehr...

Auf der Terrasse beim Tee. Die Kellner scheuchen die Katzen fort; Teegebäck lockt sie an, immer wieder. Im Kolonialstuhl sitzen, »Die Blendung« lesen, ein Buch, dessen Gefälle die Katastrophe von Beginn anzeigt, vorwegnimmt und deshalb, weil alles sich nur bestätigen kann, an Spannung verliert; der Brand der Bibliothek findet statt, weil das Buch auf ihn angelegt ist.

Pia und Emilio reisen ab, mit ihnen ein Stück Rückhalt: Europa. Im »Statesman« füllt das Hochwasser in Calcutta drei Seiten. Fotos zeigen hüfthohen Wasserstand in den Straßen. Ein Sonderbericht über das Stadtviertel Kamartuli, in dem die Tonbildner ihre Werkstätten haben: der anhaltende Regen hat viele Göttergestalten – und Durga Pujah steht vor der Tür – verdorben, sie lösen sich auf. Nur weil die Schlafwagenplätze (angeblich) nicht umgebucht werden können, sind wir noch hier.

Was sonst in der Zeitung steht: seit Tagen laufen »The Asian Games«. Für Indien Bronze, ein bißchen Silber, kein Gold. Dann wieder alltäglicher Terror: die Sikhs, die Gurkhas, Enthauptungen in Bihar. Und täglich lesen wir von jungen Frauen, deren Sari beim Kochen Feuer fing. In der Regel sind es Schwiegermütter, denen unzureichende Mitgift (Dauri) Grund genug bietet, ihren Söhnen gefällig zu werden.

Auf der Asphaltstraße nach Puri, zum Tempel hin, wo ein Großplakat mit Pilgern auf Motorrollern moderne Wallfahrten verspricht, sehen wir einen langhaarigen, bärtigen Sadhu – Gesicht und Arme bemalt –, der sich, von weither kommend, durch gestrecktes Hinlegen, Aufstehen, Hinlegen jeweils um Körperlänge voranbringt. Mich erinnert die Pilgerreise des Heiligen an jene Saugwürmer, die ich in Baruipur beobachtete: wie sie sich um Wurmeslänge, Schwanz nach Kopf, Schwanz nach Kopf, auf mich zu bewegten.

Jetzt sind auch die Distrikte Midnapur und 24 Parganas überschwemmt. Pakistan hat Indien im Hockey drei zu eins geschlagen. Wir lassen das Meer und die Brandung hinter uns. Kein Blick zurück. Die vielen Kühe vor dem Bahnhof: gehörnte Geduld.

Shuva, seit vorgestern aus der Untersuchungshaft entlassen, holt uns vom Nachtzug ab. Es gehe ihm gut, die vielen Freunde, die Schüler, alles werde sich klären. Der Kampf ums Taxi nach Baruipur. Die Stadt räumt (nach dem Hochwasser) mit sich auf. Kolonnen gegen den Schlamm. Ziegelsplitt in größere Schlaglöcher. Menschen in langen Schlangen, die nach Kerosin anstehen. In tiefer gelegenen Stadtteilen steht immer noch kniehoch Wasser. Und bis zu den Schenkeln umspült, rufen Zeitungsjungen den »Telegraph« aus. Im Midnapur-Distrikt sind Deiche gebrochen.

Und in Baruipur laufen die Teiche über. Djerul zeigt uns, wie hoch das Wasser stand. Einige Regenschäden in der Wohnung. Neuer Schimmel auf allen Buchrücken. Wieder die Hühner langbeinig um den Tisch. Wie ihre Köpfe bei unbewegtem Stand rucken. Mehrere Schnabelhaltungen ohne Übergang, als laufe ein mehrmals geflickter Film. Ins Bild drängt Djanaras Besen, der an der Wand lehnt.

Später arbeite ich am Gedicht. Ute schläft erschöpft. Seit nachmittags bis in die Nacht heftiger Regen. Das deutsche Wort Niederschlag ist genau.

... und heute spricht mich (im Institut) ein junger Mann an, bescheiden, leise, aber bestimmt. Er ist Lyriker und Journalist, vor über zehn Jahren aus Bangladesh, eines Gedichtes wegen, ausgewiesen, seitdem, bei immer nur befristetem Aufenthalt, in Calcutta. Er bietet an, uns die Stadt bis in die schwärzesten Winkel hinein zu zeigen. Er heißt Daud Haider. Wir verabreden uns.

Danach ein flüchtiger Blick in deutsche Tageszeitungen, eine Woche alt und älter, Süddeutsche, FAZ. Das Riesenloch in der Rentenversicherung; Streit um die »Neue Heimat«, sie soll (samt Bewohnern) verscherbelt werden; der Getreide-, Rindfleisch-, Butterberg; Geraunze aus Bayern, sozialdemokratisches Wedernoch, Raus einschlägige

Bibelzitate, was alles den Kanzler zu Aussagen bläht... Schnell, allzu hastig, wende ich mich Calcutta zu.

Lasten getragen, als schwebten sie. Kinder, die aus Müllhalden halbverglühte Eierbriketts klauben. Mit Stöcken wird Aschegrus abgeklopft. Später sehen wir, wie die gesammelte Restkohle in flachen Schüsseln am Straßenrand gewaschen wird. Ein neues Produkt. Nichts geht verloren.

Zuerst in den Kalitempel bis ins heiligste Innere. Dann führt uns Daud Haider zur ältesten Bade- und Feuerbestattungsstelle Calcuttas, gleich neben dem Anleger der Fähre nach Howrah auf der anderen Seite des Hooghlyflusses: Nimtala Ghat. Wie viele Bengalen keine Scheu haben, uns auf den Leib zu rücken, alles sehn, anfassen wollen und Berührungsangst nur innerhalb ihres Kastensystems kennen, so lassen sie sich beim Baden, bei der Massage, beim Verbrennen ihrer Leichen zuschauen. Doch ohne Daud hätten wir uns nicht in den Tempel, zwischen die Badenden, bis dicht an die Leichenfeuer gewagt.

Allen drei Orten sind alte und frische Abfälle gemein. Kali, ein Popanz aus schwarzem Granit, den Priester mit Goldflitter und Blumen geschmückt haben, wird von Pilgern, die von weit außen anstehen, sobald sie endlich im Kreis um die »Schreckliche Mutter« geführt werden, mit immer mehr Blumen, immer mehr Goldflitter überschüttet. Das Personal des Tempels leitet, stößt den nie endenden Pilgerandrang und kassiert an mehreren Durchlaßpforten. Mit allen auch wir barfuß über zermanschte Blumen. Schieben, geschoben werden, rutschen auf schlüpfrigen Sohlen. Von den Füßen her steigern sich Abscheu, Entsetzen. Wir wollen nicht mehr; doch Daud will (lachend), daß wir sehen. Noch lange haftet Geruch von abgestandenem Blumenwasser. Vor dem Tempel: Bettler, Prostituierte, Buden voller Devotionalien, Verkaufsbetrieb.

In der Badeanstalt wird eines fetten Mannes Rücken von den Knien des Masseurs gewalkt, während der Massierte in ein Rundholz beißt, in das vor ihm schon viele gebissen haben. Auf den Stufen zum Fluß sitzen Wartende, das Bad in der brackigen Brühe noch vor sich. Die langsamen, wie durch Traum verzögerten Bewegungen der Badenden. Im lehmig gelben Gangeswasser treiben Fäkalien, Blumenkränze, einzelne Blüten, verkohltes Holz. Um des Flusses Breite entrückt, die Industrieanlagen von Howrah. Rauchfahnen mit Monsunwolken verpinselt. Im Vorraum der Badeanstalt: Tücherverleih und Betelverkauf, auch liegen Opiumpfeifen neben Kochtöpfen, Plastikschüsseln aus.

Die Verbrennungsstätte verfügt über eine Abteilung für elektrische Einäscherung. Zwei in Tücher gehüllte Leichen – ein junger Mann, eine alte Frau – von Familie umgeben. In einem anschließenden Gebäude, das als Herberge dient, hocken Gruppen, schlafen andere, warten auf ihren Termin. Im Baustil der Anlage mischen sich, wie überall in Nordcalcutta, viktorianische mit indischen Details; eines Tages wird man Nimtala Ghat unter Denkmalschutz stellen, und sei es mit Hilfe der Weltbank.

In einem der Verbrennungshöfe, die alle zum Fluß hin geöffnet sind, brennt im Holzstoß eine männliche Leiche. Zwei andere Scheiterhaufen qualmen mühsam, weil das Holz, so kurz nach dem Hochwasser, immer noch feucht ist. Mit Reisig muß nachgeholfen werden, mit Kerosin. Der Qualm bleibt träge. Immer wieder versucht der Brahmane, ein schmuddeliger Glatzkopf, mit seinen Gehilfen das Feuer anzufachen. Auf einem weiteren Holzstoß liegt, noch nicht von Lang- und Querhölzern bedeckt, eine Greisin, von der Töchter und Enkelkinder mit abrupt einsetzendem, wieder abbrechendem Geheul Abschied nehmen. Aus dem verhüllenden Tuch ragen Schulter und Kopf, die Füße. Weil mit Ghee, zerlassener Butter, eingerieben, glänzen die freigelegten Glieder, der fleischlose, schon zum Schädel geschrumpfte Kopf. Weitere Blumenketten darüber. Der flache Qualm der Nachbarfeuer treibt nur langsam zum Fluß ab.

Selbst das zeremonielle Geheul mindert nicht die alltägliche, eigentlich heitere Stimmung. Vor der Gebäudeflucht – Badeanstalt plus Verbrennungsstätte – reihen sich Buden, Teeküchen und Verschläge, in denen Prostituierte warten. Ruhelos unterwegs im Gedränge: Ziegen und Kühe. Dahinter die Schienen der Circular Rail, auf denen Güterzüge fahren. Auf der anderen Seite des Bahnkörpers – eine Doppelschranke sichert den Übergang – lehnt sich ein langgestreckter Slum an Fabrikmauern, die parallel zur Bahn verlaufen. Daud Haider erklärt, daß immer häufiger Slums als Bahnanrainer entstehen, weil anderswo Platz fehlt.

Hinterm Bahnübergang, gleich zu Beginn der Nimtala Ghat Street, lagert, die Slumhütten überragend, Knüppelholz, geschichtet, frei zum Verkauf für die Verbrennungsstätte. Zeichnend kann ich im Wirrwarr der Hölzer Ordnung erkennen. Kahles Geäst, helle, wie gehäutete Stämme. Auf Metallschalen wird das Holz ausgewogen. Nur reichen Leichen kommen genügend Hölzer zu. Die freie Marktwirtschaft oder der Tod als Kostenfaktor, wie überall.

Nach Alipur, wo die Reichen wohnen und sich die Konsuln (nebst Gattinnen) in Besuchsnähe eingeigelt haben; schon Warren Hastings baute sich hier seine Villa und ließ aus Benares Marmor für das Treppenhaus liefern. Wir besuchen die National Library, den ehemaligen Sitz des britischen Vizekönigs. Über eine Million Bücher sind hier dem besonderen Klima Calcuttas ausgesetzt, spottet der Direktor und weist auf klimatisierte Abteilungen im Neubau gleich nebenan hin.

Der viktorianische Lesesaal: gediegene Tische, Leselampen von antiquarischem Reiz, bequeme Sitzmöbel, als habe die Kolonialmacht ewiglich bleiben wollen. Und überall (wie überall auf der Welt) Fleiß oder sogar Interesse andeutende Studenten. Daud, sein Freund Sourav und dessen Frau Tripty, die uns begleiten, haben hier während ihrer Studienzeit alles über indische und westliche Literatur in englischer Sprache vorgefunden. (Weder Daud noch Sourav, der auch Schriftsteller ist, können Gedichte, in Urdu oder Tamil geschrieben, im Original lesen.)

In den weitläufigen Büchermagazinen, durch die wir im Eilschritt geschleust werden, führen schlechtbezahlte Bibliotheksangestellte den schon verloren gegebenen Kampf gegen das Schimmelklima, wobei sie häufig Tee trinken oder den nächsten Streik vorbereiten.

Ins moderne Nebengebäude, dem, mangels viktorianischer Zutat, nichts außer internationaler Häßlichkeit nachgesagt werden kann, haben sich seltene, oft einzigartige Bücher, Schriftrollen und Handschriften in Klimakammern gerettet. Wir sehen, in schmale Palmblätterstreifen geschnitten, die Buchstaben der Tamilen.

In dieser von Staats wegen gepflegten Anlage fallen verstreuter wie gehäufter Dreck besonders auf. Hinzunehmen ist (gleich neben der Mensa) der Uraltgestank der Männertoilette. Aber was bringt Bengalens studierende höhere Töchter in allzeit frisch erblühten Saris dazu, ihre Monatsbinden auf den Fußboden der Damentoilette zu schmeißen? Sie liegen zuhauf, berichtet Ute und blickt den zierlichen Töchtern der strebsamen Mittelschicht mit pommerscher Strenge nach.

Später führt uns Daud in den Slum Behala Manton im Westen der Stadt. Auf engem Raum – es mögen sechzig mal zweihundert Meter sein – leben dort mehr als sechstausend Menschen, darunter, hören wir, viertausend Kinder; und in Stallungen, die mehr Raum als die Hütten, Buden, Verschläge bieten, stehen rund hundert schwarze Milchkühe, von Fliegenschwärmen bewohnt. Das Slumgelände und die Kühe gehören einem Mann, der außerhalb Calcuttas lebt und zwischen fünfzig und hundert Rupien Monatsmiete pro Raum eintreibt, wobei die meisten Räume kaum zehn Quadratmeter messen. Die Durchlässe zwischen den Hüttenzeilen sind knapp einen halben Meter breit und führen offene Abflußrinnen, die an der rechten Längsseite des Slums in einen Kanal münden, den träge fließender Kloakensud füllt. Nur eine Wasserpumpe sehe ich; doch soll es bei den Kühen noch eine zweite geben.

Ein einziges Kind, das uns stolz gezeigt wird, geht zur Schule. Ein Viertel aller Erwachsenen hat Arbeit gefunden: als Sweeper oder Rikschapuller. Mit freundlichem Nachdruck werden wir in Hütten gebeten. Sechs, sieben Personen in jedem Verschlag. Die Betten, oder besser: das Bett für alle steht erhöht auf Ziegelsteinen wegen der zur Monsunzeit täglichen Überschwemmungsgefahr. Es nimmt den meisten Raum ein. Unterm Bett, vom Flickwerk der Decke und in einem Nebenverschlag liegen, hängen, stapeln sich Habseligkeiten, blanke Aluminiumtöpfe, Wasser- und Vorratskrüge. Alles ist betont sauber, der gestampfte Lehmboden gefegt, die Kopfkissen auf dem Familienbett, fünf oder sieben an der Zahl, liegen nebeneinander. Und immer sind Gottheiten in bunten Bildchen anwesend. Ich will behaupten, daß diese armseligen Zufluchten, Calcuttas Millionen Slumhütten, reinlicher sind als der chaotisch gewürfelte Rest der Stadt: von verzweifelter, dem Elend abgetrotzter Reinlichkeit.

Als kurz vor Durga Pujah nahezu alle Stadtviertel unter Wasser standen, mußte auch der Slum Behala Manton geräumt werden. Es seien, wird gesagt, nur wenige Hütten eingestürzt. Aber noch immer sind die Durchlässe und Abflußrinnen von Zeile zu Zeile und die seitlichen Hauptgassen ein einziger Morast. Trotzdem Gedränge, Kinder in Horden, Wasserträger – überhaupt Kopflasten, die, oft sperrig und ausladend, dennoch aneinander vorbeifinden. Und über allem der beizende Rauch offener Feuerstellen, die mit getrockneten Kuhdungfladen beheizt werden.

Wie überall in der Stadt sind auch hier Frauen und Kinder Kühen hinterdrein. Sie lesen den Dung auf, kippen ihn in Bottiche, mengen ihn mit gehäckseltem Reisstroh und Kohlenstaub zu zähem Brei, aus dem sie Fladen formen, die zum Trocknen auf Mauern gedrückt werden: jeder Fladen von Fingern, Frauen- und Kinderfingern gezeichnet. In jedem Quartier der Stadt, auch nahe Park Street, auf der Außenmauer des alten englischen Friedhofs, sogar auf den mannshohen Abwasserrohren neben der ewigen U-Bahn-Baustelle, einer gigantischen Ruine, die ihre Bauherren nährt: überall, doch mit Vorzug auf Brandmauern oder auf glasgespicktem Mauerwerk, das Villengrundstücke vor Zugriff und bösem Blick schützen soll, trocknen die Fladen, und alle sind – als seien sie Kunstwerke – durch Dreifingerdruck signiert.

Schon wieder ist etwas, das notdürftig bloßem Zweck dient, der Schönheit verdächtig. Diesen (und anderen) Wirklichskeitbildern müßte sich alle gerahmte oder auf Sockel gestellte Kunst zum Vergleich stellen. Oft sah ich Mauerflächen von Fladen besetzt, die links und rechts ihrer bewegten Ordnung Calcuttas Wandmalerei, Hammer und Sichel, die Kongreßhand und anderer Parteien Symbole aussparten, als sollte die Politik geschont werden.

... und jederzeit hocken, als gäbe es keine Zeit, alte Frauen auf Bordsteinen und waschen Flaschen aus oder warten, mit nichts in den Händen, den Tag ab.

Wir nachts mit Büchern unterm Moskitonetz, als suchten wir Halt an dickleibigen Schmökern. Ute weiß, was ihr zuspricht. Mir müssen »Joseph und seine Brüder«, eine auf Indien bezogen seltsam gegenwärtige und doch abwegige Legende, späten Schlaf bringen.

Und jeden Abend kehren jene Pavementdweller, die, wenn sie Arbeit haben, oft Sweeper in den Haushalten nahe wohnender Mittelschicht sind, ihre Liegeplätze, das vielfach geborstene Pflaster; der Besen – ihr Kennzeichen – ist immer dabei. Nun liegen sie wie ausgeschüttet.

In einer Halbruine im Moslemviertel, nahe der Großen Moschee. Dort hausen in Löchern, die einst Zimmer waren, sechs, sieben junge Assistenzärzte, die 550 Rupien, keine hundert Mark, im Monat verdienen. Freundlich sind sie, stellen Fragen, warten Antwort kaum ab, bringen mir einen Stuhl, Pappe als Unterlage, damit ich bequemer (vom vierten Stock herab) Mittagsschläfer auf nahegelegenen Dachterrassen skizzieren kann. Die jungen Ärzte bedauern, uns keinen Tee anbieten zu können; Wasser kann einzig mit Eimern aus einem Loch im unteren Stockwerk geschöpft werden.

Auf allen Flachdächern ringsum Buden, Verschläge, Familienslums, Ansammlungen Schrott. Ich zähle mit dem Stift, als müsse alles erinnert werden, Dinge und Materialien auf: Bleirohre, Autoreifen, Knüppelholz, Jutesäcke, gestopft mit Papier, Körbe, Tonkrüge, Fahrradteile, Drahtgekröse, noch nicht entwirrt, Flaschen werden sortiert...

Später treibt Daud uns durch Nebenstraßen und enge Durchlässe in Quartiere, die wie vergessen sind: Innenhöfe, in denen Männer, einzig Männer, aus Orissa leben, die, ihren Familien seit Jahren fern, Arbeit in Calcutta gefunden haben, vorbei an einer anglikanischen Kirche, die kühl klassizistisch auf kommende Sonntage wartet; auch über den armenischen Friedhof, auf dem zwischen vielen Grabplatten eine behauptet, daß armenische Kaufleute, lange bevor Job Charnock an verfluchter Stelle seinen ersten Schuppen baute (und ihn Calcutta nannte), hier Handel getrieben haben.

Später stehen wir plötzlich, nachdem wir grad noch dichtbewohnten Verfall sahen, vor der großen, pompösen, sehr fremd und ernst wirkenden Synagoge, intakt- und saubergehalten von der restlichen Gemeinde. Hinter dem eisernen Gittertor führen Stufen, frei von Unkraut, zum verschlossenen Tempel.

Wir ziehen um, wollen nicht mehr in Pendelzügen gepfercht stehen. Von Baruipur nach Lake Town in Ostcalcutta. Mit Sack und Pack, Koffern, Pappkartons und fünfzehn Plastikbeuteln, mit Bügelbrett und Mülleimer, mit allen Gewürzen und einem Rest Gulasch, mit gelesenen – kürzlich noch Premchands bittere Dorfgeschichten – und noch nicht gelesenen Büchern, mit unserem bengalischen Haushalt und der Seefrachtkiste haben wir die (trügerische) Gartenidylle aufgegeben und räumen bei Kerzenlicht und stehendem Fan, weil Stromsperre uns begrüßt, aufs neue ein. Zwei Zimmer, das Bad, die Küche. (Der Institutsfahrer Iman holte uns mit dem VW-Bus ab.)

Es wird aufgetischt: Reis, Dal, Fisch, Huhn, die übersüßen Süßigkeiten. Unser Gastgeber, Shuvas Schwiegervater, hat die Familie versammelt. Freundlichkeiten im Übermaß. Ein Schreibtisch steht im Arbeitsraum. Als Stehpult kann die Seefrachtkiste dienen. (Noch nicht ganz da, nimmt Ute immer noch von Djanara Abschied.)

Lake Town gilt als Mittelschicht-Enklave und ist dennoch von anrainenden Slums durchsuppt. Auch hier: Kühe weiden wachsende Müllberge ab. Die Geräusche in der Nachbarschaft sind zwar mittelständisch gedämpft, aber näher gerückt.

Nachdem im Schlafzimmer der Ventilator als regulierbar gilt und wir uns ausgebreitet haben – meine Pinsel, Federn, die Kohle, das Fixativ –, liest Ute, als habe der

Umzug sie rückfällig werden lassen, wieder ihren Fontane; ich bin im Josephsroman bei Seite 1 000 (»zurück aus dem drolligen Ägypterland«) angelangt. Thomas Manns Bravour-, Meister- und Kunststück, das noch in seinen Längen erstaunlich bleibt: selbst wenn der Leser meint, jetzt zeigt er nur noch: Seht, was ich alles zwischen Himmel und Erde herbeispekulieren kann – hebt der Autor wie nebenbei den Erzählfaden auf, treibt die Legende, und sei's durch die Wüste, weiter und weiter. Wer da immer noch rumkrittelt, weil Können verdächtig zu sein hat, soll es ihm nachmachen.

Bis in die Nacht Zeichnungen, darunter Mittagsschläfer, die liegen, wo Schatten fällt: quer überm Pflaster, in die Deichsel der Rikscha geflochten, auf den Fleischbänken im New Market, frei schwebend auf Gerüstbrettern, in Betonröhren, unter Luftwurzelbäumen, zwischen Schläfern, die wie gestürzt liegen.

Und heute mit Daud zum bundesdeutschen Generalkonsulat. Wie ihn ein einziges Gedicht, das Mohammed (und andere Religionsstifter) nach dem Sinn glaubenswütiger Gemetzel fragte, vor mehr als zwölf Jahren ins Gefängnis, in Lebensgefahr, dann außer Landes brachte. Seine trostlose Geschichte dem Konsul hergesagt. Übern Tisch gereicht den Wust Papier: Anträge, Absagen und vergebliche Aufrufe namhafter Schriftsteller, endlich Daud Haider die indische Staatsangehörigkeit zuzusprechen. Des Konsularbeamten Ratschlag: Er solle noch einmal versuchen, einen Bangladesh-Paß zu bekommen, dann erst, wenn dieser verweigert werde, könne Asyl beantragt werden... (Wie geduldig Daud bleibt, beharrlich freundlich, die Wut nach innen genommen.)

Jetzt sind wir den vierten Tag ohne Leitungswasser. Wir behelfen uns mit Eimern, die von weither herangetragen werden. Flucht in Zeichnungen. Träger, wie sie schmal zerbrechlich, doch mit ausgreifendem Schritt unter der Last Knüppelholz schreiten. Von Menschen, Krähen und Geiern befallene Müllberge. Zum Horizont hin: ein Industrieviertel mit vorgelagertem Slum.

Immer wieder quer zum Verkehr liegende Kühe, neben Schläfer gestellt oder wie

Hügellandschaft gestaffelt. Es ist, als wollte ich mich, weil mit Absicht weit weg, noch weiter wegzeichnen. (Bald wird mein Fixativ verbraucht sein.) Es ist, als müßte ich mir zeichnend ins Wort fallen.

Gegen jede Wetterregel: seit der Frühe Regen. Jener gleichmäßige Tagore-Regen, der die bengalische Lyrik bestimmt.

Mit Shuva und Sipra sind wir mit anderen Gästen bei einem Literaturwissenschaftler zu Käsehäppchen und Wein eingeladen. Ein längeres Gespräch über Westbengalen und Bangladesh im Verhältnis zur Ost-West-Teilung Deutschlands. Der religiöse Unterschied – Hindus hier in Überzahl, einzig Moslems dort, bis auf wenige Hindu-Enklaven – ist fundierter als der nur draufgeklebte ideologische Gegensatz zwischen Deutschen und Deutschen. Desgleichen wird die religiöse Kluft auch die kulturelle Entfernung bis ins Denken, Sprechen und Schreiben hinein vergrößern, während die deutsche Kultur nur durch administrative Maßnahmen geteilt ist. Dem widerspricht die Rhetorik intellektueller Bengalen, die hier wie dort immer noch ihren (einigenden) Tagore hochhalten, übrigens auch – gleichermaßen vernagelt – ihren Netaji. (Wenig später, während unserer kurzen Reise nach Bangladesh, wird die bloße Erwähnung des bengalischen »Führers« hymnische bis fanatische Bekenntnisse auslösen.) Wie gut, daß den Deutschen gegenwärtig kein Einiger (ob tot oder lebend) ins Haus steht.

Gestern fuhren wir mit Shuva nach Nordcalcutta, wo er im Bildhauerquartier eine seit Monaten bestellte, etwa einsfünfzig hohe Kali für die Familien-Pujah abholen wollte.

Die Gasse zwischen den Schuppen voller enggestellter Götterfiguren in jeder Größe und Ausführung – einige noch wie unbekleidet in grauem Ton – ist verstopft von Rikscha- und Autotransportern, drauf, als Frachtgut, die schreckliche Göttin. Plötzlicher Streit zwischen Trägern und Rikschapullern. Wut, an fünf Rupien zuwenig entzündet. Sturzfluten Wörter, Theater. Und auf allem kirmesartige Festbeleuchtung. Böllerschüsse, Knallfrösche, Musikkapellen in Phantasieuniformen und ähnlich mißtönend wie Schleswig-Holsteins Pfeifer- und Trommlerzüge.

Auf den hinteren Ablagen der Bildhauerschuppen dämmern verschattet die restlichen Götter zurückliegender Feste. Kürzlich sollte Lakshmi Pujah der Stadt und ihren Bewohnern Glück bringen; davor war Durga mit ihrem Gefolge drei Tage lang aufwendig Gast. Überall rüsselt, fett auf der Ratte reitend, Ganesh, aus dessen Bruchstellen Strohgerüst bricht. Keine Bauchfalte, kein Fettpolster vergessen. Die Bildhauer sind Könner und offenbar gut im Geschäft, wenngleich die Überschwemmungen kurz vor Durga Pujah Verluste brachten.

Zumeist von schwarzem Lack, seltener von stumpfem Blau überzogen, glänzt Kali. Zunge und Handflächen rot, die starren Augen umrandet. Shiva, ihr Göttergatte, auf dessen Bauch sie hockt oder tanzt, hat von weißlich bleicher Farbe oder schweinchenrosa zu sein. Weiblich fett liegt er ihr unterworfen, kurz vorm angedrohten Kopfab. Dazu Kalis Gefolge: Weiber, bewaffnet mit Draculazähnen, die kindsgroße Männer mit Klauen im Griff haben, denen sie Köpfe, Hände und Schwänze samt Eiern abbeißen. Ketten, gereiht aus Männerköpfen, die Kali als Festschmuck trägt, können, wie anderes Zubehör, in Geschäften zwischen den Bildhauerschuppen gekauft werden. Manche der Köpfe muten an wie Portraits. Erstaunt bis entsetzt blicken Geschäftsleute, Teestubenbesitzer und höhere Beamte aus Writers Building. Auch Shuvas bärtiger Kopf und meiner mit Schnauzbart hängen – wir wollen es nicht bemerken – als Perlen in Kalis Kette.

Wie ich im »Telegraph« lese, wird während der mehrtägigen Schaustellung Kalis in über tausend Festzelten und auf ungezählten Familien-Pujahs offiziell auch Indira Gandhis gedacht werden, die vor zwei Jahren ermordet wurde. Das entspricht der Schwarzen Göttin: der um sich greifende tägliche Terror. Die wechselseitigen Enthauptungen in Bihar, wo restliche Naxaliten Zulauf finden. Das Gemetzel zwischen Gurkhas und Bengalen in und um Darjeeling, wo unser Frühstückstee herkommt, First flush. Es ist, als solle im Zeichen Kalis die endliche Revolution eingeübt werden: mal liegen die

Köpfe landloser Bauern, mal (auf Zeitungsfotos) die Köpfe einer vielköpfigen Großgrundbesitzerfamilie gereiht. (Man spricht nicht gerne von den Naxalitenaufständen der späten sechziger Jahre, als weder Kongreß noch Kommunisten herrschten; einzig Kali hatte Saison.)

Inzwischen wird neben unseren zwei Zimmern, im Versammlungsraum unserer gastgebenden Großfamilie, der sonst mit Polsterbänken und einer gepolsterten Schaukel möbliert ist, die gestern gekaufte Göttin auf Altarhöhe gebracht: ein betulicher Vorgang, an dem sich mit seinen Schwägerinnen Shuva als Arrangeur und Beleuchtungsmeister beteiligt; grad wie bei uns zu Haus, wenn die Weihnachtskrippe aufgebaut, der Baum mit Gehänge und Lichtern belastet wird. Alles mutet friedlich an, als stünde mit Kali Versöhnung auf dem Programm. Für die Zeremonie bestellt, soll, wenn das Fest steigt, ein Brahmane kommen.

Und das Jahr für Jahr: routinierte Geschäftigkeit. Mystisch hingegen kommt mir der Abendbetrieb auf oft illegalen Straßenmärkten vor, wenn einzig Ölfunzeln, Kerzen und Kerosinlampen spärliche Auslagen und Fersenhocker beleuchten, während die Köpfe zögernder, weiterziehender Käufer bereits der rauchschweren Dunkelheit gehören. Viel schwarze Tinte vonnöten, um diese Bilder zu halten, in denen Kali umgeht.

... in das vermauerte, nur dank Dauds Geschick durchlässige Chinesenviertel, das im Nordosten der Stadt, Richtung Dhapa, Müllberge liegt; ihr Gestank mischt sich mit den Dünsten jener Lederfabriken und Gerbereien, die alle in chinesischem Besitz sind. Nichts ist hier vom Lärm und Aufwand der beginnenden Kali Pujah zu spüren. Die Arbeiter in den Fabriken sind Moslems aus Bihar, heute Kulis jener Chinesen, die einst, im neunzehnten Jahrhundert, von den Engländern als Kulis gerufen wurden; allenfalls kastenlose Hindus würden sich als Gerber verdingen.

Die Chinesen leben streng abgesondert. Es fällt schwer, mit ihnen ins Gespräch zu kommen. Höfliches Mißtrauen bleibt. Sie unterhalten eigene Schulen, Kindergärten, Zeitungen. Während des indisch-chinesischen Krieges (1962) wurden sie überwacht, in ihrer Bewegungsfreiheit beschränkt und sind noch heute vor Ausbürgerung nicht sicher. Einige alte Chinesen gingen ins Mutterland zurück. Viele wanderten aus nach Kanada, Europa. Innerhalb des Ghettos ein in Calcutta ungewohntes Bild: junge Frauen und Mädchen auf Motorrollern.

Im Gegensatz dazu das Chinesenviertel im Zentrum der Stadt: armselig, beengt. Daud führt uns über schlüpfrige Treppen in vierstöckige Bruchbuden. Pro Raum eine Familie, im selben Raum Heimarbeit: Nudelproduktion. Eine Ziege im dritten Stockwerk. Sofort wird Tee angeboten. Ein Uralter (aus Nanking) will demnächst rückwandern. Aber auch hier wird eine Schule unterhalten. Für jedes Kind, das zur Schule geht, zahlen die Eltern sechs Rupien im Monat. Die Schule und der besenreine Schulhof, inmitten gehäuftem Müll und überlagerndem Gestank (Lederverarbeitung und Trockenfischverkauf), wurde von einem chinesischen Fabrikanten gestiftet. Selbst nach Schulschluß vermitteln leere Klassenräume alltägliche Strenge, desgleichen der alte Lehrer, wie er Schulhefte für uns aufschlägt. Alle Schulkinder lernen vom fünften Lebensjahr an, Chinesisch, Englisch, Hindi und Bangla zu sprechen und zu schreiben. (Man möchte fragen, warum die Inder, nach so vielen englischen Lektionen, nichts von den Chinesen lernen wollen?)

Wie wir nach südindischem Abendessen (vegetarisch) versuchen, ein Taxi zu bekommen, ist die Stadt noch immer bis in die Außenbezirke verstopft. Eingekeilt in der Menge, verlangt jeder Schritt auf den zerklüfteten Straßen und Bürgersteigen Aufmerksamkeit. Nie sind wir nebeneinander, immer in Sichtweite nur und gehen doch nicht verloren.

Das also ist Kali Pujah! Vom frühen Abend bis kurz vor Mitternacht arbeitet der Priester, ein junger Brahmane (von Beruf Lehrer), der seit dem Vortag gefastet hat, mit Blumen und Blumenketten und Schälchen, gefüllt mit vegetarischer Speise: behängt Kali, umstellt, bewirft sie, so daß die schwarze, zuvor schon von Shuva mit bunten Stilleben umsäumte Göttin in Lieblichkeit ersäuft. Die Kette aus abgehackten Männerköpfen, ihr fester Stand auf Shivas Bauch und ihre Zunge – als Ausweis der Scham – sind nur noch zu ahnen.

Alles bleibt dem Priester überlassen. Seine Litaneien werden erst gegen Schluß von älteren Frauen teils laut, teils murmelnd mitgebetet. Sonst läuft, während er Mantras schnurrt und nach strengen Regeln mit Blumen wirft, das Geplauder der nur halb und halb gläubigen Großfamilie, der kommenden, gehenden Gäste. Auch spielen Kinder im Rücken des Brahmanen, nie von den Müttern berufen.

Nach gut zwei Stunden Gebet, das den Priester in Schweiß bringt – auch fällt der Ventilator zwischendurch aus –, werden Weihrauch verbrannt, Becken geschlagen, bläst eine der alten Frauen zu Schellengebimmel auf einem Muschelhorn, während draußen der Lärm zunimmt, nun auch dichtbei Donnerschläge gezündet werden und Raketen in allen Farben aufsteigen. Den kleineren Kindern haben die Mütter Watte in die Ohren gestopft.

Ich halte bis zum Verzehr der gesegneten Speisen aus; Ute schläft schon erschöpft, ihr Buch beiseite. Nur Männer hocken und essen von Bananenblättern aus jeweils einer geschickten Hand. Der Brahmane bringt Unmengen Reis und Dal, Dal und Reis in sich hinein. Eine normale Abfütterung, stumm und zügig. Von Kali, wie ich sie zu begreifen versuche – »Unsere verrückte Mutter«, sagt ein Gebet, »die nimmt und gibt, gibt und nimmt« –, ist nichts zu spüren; doch in welcher christlichen Kirche, gleich welcher Glaubensfraktion, ließe sich die Anwesenheit des radikalen Jesus von Nazareth nachweisen? (Nach wie vor gibt es keinen Grund, den Religionen – wie fromm der Schwindel auch sein mag, den sie verbreiten – mildernde Umstände einzuräumen.)

Den Nachmittag über zeichne ich Menschen im Müll. Seit Einbruch der kurzen, abrupt in Nacht übergehenden Dämmerung liegt wieder über allem Lärm, Geknalle und nun auch der Klageton geblasener Muscheln. Ich gehe mit Shuva und dessen Frau (mitsamt dem Blütenstrauß seiner Schwägerinnen) ins Kino, einen sogenannten Hindifilm sehen: »Freunde Feinde«. Der Regisseur heißt Rao, gilt als beliebter Krishnadarsteller und ist zudem noch Chiefminister eines indischen Bundesstaates. Zu Fuß zum Filmpalast im Zentrum von Lake Town, nahe dem alles überragenden Wasserturm.

Ein geschickt angerührtes Melodram sehen wir, das alle zehn Minuten von Tanz- und Gesangseinlagen oder von Schlägereien akrobatischer Spielart unterbrochen wird. Die Sprache: Hindi, von englischen Brocken durchsetzt. Das Publikum geht mit wie beim Western. Lautstarke Empörung, sobald Bild oder Ton schwach werden oder gar für Minuten ausfallen. Von Wirklichkeit – insofern Tatsachen in diesem Film wirklich werden – keine Spur. Ein Polizeiinspektor, der tatsächlich tausend Rupien, knappe hundertfünfzig Mark, verdient, bewohnt im Film eine modellneue Luxuswohnung, ohne wie landesüblich korrupt zu sein. Natürlich zeigt sich bei Filmende, daß jene Taschendiebin und Bettlerin, die in Zwischenspielen für handgreiflichen Wirbel sorgt, keine kastenlose Unberührbare ist, sondern aus bester Familie stammt. Auch indisch geträumt hat die Welt – und sei es auf Filmeslänge – heil zu sein.

Kaum aus dem Kino entlassen, erschlägt uns der andere Film: sich überbietender Lärm zu Ehren der Schwarzen Göttin.

Er zeichnet, schreibt auf; sie zählt die Tage lautlos. Er will gewonnene Distanz halten, vergrößern; sie ist beim jüdischen Bäcker (versteckt im New Market) auf Suche nach annähernd heimischem Schwarzbrot. Er will (bemüht geduldig) wissen, wie ihre wechselnden Leiden heißen; sie bespricht sich allenfalls (und heimlich) mit ihrem gelernten Apotheker. Er lebt sich ein; sie hält durch.

Zur Gewichtsabnahme kommt Muskelschwund. Nach drei Monaten beginnt Calcutta zu zehren. Doch läßt das Zeichnen, Aufzeichnen nicht nach, obgleich die Augen von all dem Elend, das offen liegt, müde und trocken werden. Sie schreibt Briefe; sein

Gedicht in zwölf Teilen lagert in erster Fassung. Ihr gemeinsames Ritual: während sie Wasser abkocht – täglich müssen sechs Liter zwanzig Minuten lang sprudeln –, reiht er Nachträge, die weitere Nachträge aufrufen …

Gestern, spät, während der Rückfahrt durch nur beiläufig beleuchtete Straßen: immer mehr Schläfer – oder sehen wir sie jetzt, inzwischen geschult, häufiger, überall? Oft kaum zu erkennen, wenn sie längs Hausmauern oder in Nischen liegen. Im Gegensatz dazu Schläfer, die, Köpfe zur Wand, gereiht als Familien, wie abgelegt sind. Anders lagern Pavementdweller auf den Mittelstreifen der Hauptstraßen: in und neben Zelten aus schwarzen Plastikplanen. Noch spät sehen wir Frauen überm Kuhfladenfeuer kochen, Wäsche hängen. Das Wort Eigenleben bietet sich an. Der Verkehr in beide Fahrtrichtungen spart Inselbewohner aus.

Vorsätze in schlafloser Nacht: zurück in Deutschland, alles, auch mich an Calcutta messen. Schwarz in schwarz am Thema bleiben. Nur noch Geschriebenes, Gezeichnetes öffentlich. (Allenfalls Wahlkampf um zwei drei Prozent.) Vorsätze …

Es überrascht, plötzlich, mitten im Gassengewirr, hinter säulenartiger Palmenfront ein Palastgebäude zu sehen. Mit Daud im Marmorpalast, der mit europäischen Kuriositäten und Ölschinken unter Firnis auf Firnis – zwischen ihnen soll sich ein echter Rubens (doch welcher ist es?) befinden – vollgestopft ist und so heißt, weil Böden und Wände mit Platten aus hundertsechs verschiedenen Marmorsorten getäfelt sind. Kopien nach griechischen und römischen Skulpturen, der Menge nach in Schiffsfrachten zu bemessen. Venezianische Leuchter und atemlose Rokokouhren. Vasen mit und ohne Sprung. Allseits zu begaffen eine überlebensgroße Queen Victoria samt Doppelkinn und bis in die letzte Rockfalte aus Ebenholz geschnitzt. Wir laufen barfuß durch Zimmerfluchten.

Im oberen Stockwerk dämmern Möbel unter Plastikbezügen. Ich zähle viermal Napoleon in Bronze. Außer traurigen Papageien, die in vollgeschissenen Käfigen den

Galerieumlauf zum Innenhof hin bewohnen, sind einzig drei vier Museumswärter in Khaki, Kniehosen und Wickelgamaschen lebendig, und noch jemand: von Papagei zu Papagei läuft der ehemalige Mullick die Galerie auf und ab. Fett glänzt sein nackter Oberleib überm Hüfttuch, Dhoti genannt. Auch der Kahlkopf fettglänzend, als habe Kalis Sichel ihn vorgemerkt.

Mit seiner Familie bewohnt der Mullick einen oberen Flügel des Marmorpalastes und ist, wie er auf und ab läuft, ein zusätzliches Ausstellungsstück. Über zweihundert Angestellte soll er beschäftigen und täglich (einem Familiengelübde aus Hungerzeiten zufolge) dreihundert Arme speisen. Wir sehen sie später unter Bäumen, am Rand des Parks, in langen Reihen hocken, vor sich Reis und gelben Linsenbrei auf Bananenblättern: mehr Abspeisung als Idylle.

Im Park wird Rotwild gefüttert, gleichfalls eine zwei Meter lange Schlange, die in einer Korbtruhe ihr Lager hat. Der junge Mann (und Angestellter des Mullick), der für uns spaltbreit die Truhe öffnet, spricht von einer Taube täglich als Schlangenration. An die Parkgrenzen schließen übergangslos Slumviertel an.

Später besuchen wir den Palast eines anderen Mullick, der von verpachteten Ländereien lebt, nebenbei Poet ist, eine Bibliothek unterhält und im Innenhof seines Palastes, den zierliche, schmiedeeiserne Gitter einfassen, alle zwei Monate zu literarischen Veranstaltungen einlädt. (Sogleich ergeben sich aus jedem Blickwinkel Filmszenen.) Im Inneren des Palastes: Düsternis, von Lichtschneisen durchbrochen. Aus böhmischem Glas hängen Kronleuchter (für Kerzen bestimmt) in Plastiksäcken. Alle Bilder geschwärzt. Staub auf Gläsern und Figurinen. Die Spiegel blind, wie nach innen gekehrt.

Längs der Galerie sind dürftig gerahmte Miniaturen aus Nordindien großzügig dem Verfall preisgegeben, schon von Wasserflecken, vom Schimmel verdorben. Der Hausherr zeigt mit der Taschenlampe, die gleichfalls in Plastik steckt, als müsse sie wie die Kronleuchter geschont werden, zartgezeichnete Dorfszenen auf einer persischen Tapete. Dann noch das Silbergestühl des Familiengottes, der aus Orissa stammen soll.

Zum Tee kommt die Familie: alle Damen des Hauses, der quirlige Neffe. Man zeigt uns die wenigen bewohnten Zimmer, karg und wie zufällig möbliert. Dann steigen wir aufs Dach: mehrmals gestufte Terrassen. Bei Dämmerung mit Vollmond streicht vom Fluß her der Rauch der Verbrennungsstätten und verpinselt die Schwärze der Innenhöfe. Meine ungerufene Liebe zu dieser Stadt, die verflucht ist, jedem menschlichen Elend Quartier zu bieten. Ich will wiederkommen und zeichnen: vom Dach herab.

Später essen wir bei Armata Sankar Ray und seiner Lila, die Daud aufgenommen haben und wie einen Sohn halten. Als Ray jung war, saß er Gandhi zu Füßen. Lächelnd zeigt uns der Fünfundachtzigjährige den vierten und letzten Band seiner Lebenserinnerungen.

Zu Hause zeichne ich, was ich morgens skizzierte: einen kleinen Slum, gescharrt um einen Denkmalsockel, drauf eine steinerne Büste ...

Der Moslem-Slum, rechts von der Auffahrt zum Bypaß über die Brücke, ist seit gestern, weil Mohammeds Geburtstag gefeiert wird, von Hütte zu Hütte mit bunten Wimpeln geschmückt.

Bis vier Uhr in der Frühe regnet es bei zunehmendem Sturm: ein Taifuntief überm Golf von Bengalen, das nach Orissa zieht, soll schuld sein. Jeder Gedanke an die zumeist tiefliegenden Slums macht zornig. Auf gedankenlos freundliche Fragen nach unserem Befinden in Calcutta kann ich nicht mehr höflich reagieren. Unsere Reise nach Santiniketan bleibt vereinbart. Eine akademische Idylle erwartet uns: allzu einmütig schwärmen die meisten Gebildeten von Tagores Universität. Dort sei es still, friedlich, was sonst noch. Man begreife sich dort wie außer der Welt. Dort finde man Muße. Nur wenige sprechen ironisch von Tagores »lost paradise«.

Während uns Shuva um fünf Uhr mit dem Auto seines Schwiegervaters zum Bahnhof Howrah bringt, stehen noch Straßen und ganze Stadtteile kniehoch unter Wasser. Wir sehen vom Sturm zerfledderte Randslums und zeltähnliche Höhlen der Pavementdweller, frierende, dürre Gestalten, in Decken gewickelt, die längs Häuserwänden und auf hochliegenden Bordsteinen Zuflucht gesucht haben. Kulis schieben schwerbeladene zweirädrige Karren durch Straßenfluten, Autos stehen mit abgesoffenem Motor quer. Dennoch pünktlich in Howrah Station, erfahren wir, daß der Sechsuhrzug nach Santiniketan am Sonntag nicht verkehrt. Also Tickets für den Bummelzug, der eine knappe Stunde später abfährt. Shuva versorgt uns mit Ratschlägen.

In der Schalterhalle, vor den Bahnsteigen, überall liegen sie, in dünne Decken gewikkelt, auf Betonböden, einige auf Bastmatten. Mehrere Kinder unter einer Decke. In seitlicher Lage, gekrümmt: Frauen, die winzige Bündel zwischen Brust und Armbeuge bergen. Da alle in locker geordneten Reihen liegen, ist leicht durchzukommen. Wo jemand querliegt, steigen wir drüber weg.

Ein Ticket kostet elf Rupien. Der Zug führt nur eine Klasse. Durch unverglaste Fenster fällt morgendlich kühler Fahrtwind ein. Ein Historiker, mit dem uns Shuva noch auf dem Bahnsteig bekanntgemacht hat, will in Santiniketan einen Vortrag halten; er wird uns später bei der Quartiersuche behilflich werden.

Unser Gespräch springt im Fahrtwind, seiner und meiner Neugierde folgend. Ihn interessieren Adenauers und Schumachers Positionen Ende der vierziger, zu Beginn der fünfziger Jahre; ich will die diffuse bengalische Sehnsucht nach einer Führergestalt erklärt bekommen und auch, weshalb gleichzeitig die Ideen Gandhis mißachtet werden. Die deutschen und die bengalischen Teilungen. Es hätten die Engländer, als sie auf dem Subkontinent Fuß faßten, ein seit langem herkömmliches Herrschafts- und Ausbeutungssystem vorgefunden, das sie übernahmen, seit Clive und Hastings durch modernere Formen der Steuereintreibung ausbauten und – nach gründlicher Plünderung der Großkolonie – an ihren Nachfolger, den (noch immer) regierenden Kongreß, weitergaben. Gandhis Forderungen – Landreform, Elementarunterricht, Entwicklung der Dörfer, Schutz der in Stämmen lebenden Ureinwohner, Gleichstellung der Unberührbaren – seien nie oder nur in Ansätzen verwirklicht worden, von seinem Postulat Gewaltlosigkeit ganz zu schweigen. Indien habe versäumt, einen eigenen Weg zu gehen, und laufe nun Gefahr, politisch und sozial auseinanderzufallen. Die Mittel- bis Oberschicht – ein knappes Viertel der Bevölkerung – mache Anstrengungen, den Rest abzuschreiben ...

Während unseres Gespräches durchlaufen Händler, Losverkäufer, Bettler und Sänger den Zug. Zum Klang ihrer Zupfinstrumente tragen die Sänger Gedichte vor, die man als Einzelblätter oder in Broschüren kaufen kann. Es gibt Käufer, weil die Bengalen nicht nur von Reis, Fisch, Dal und übersüßen Küchlein, sondern von Lyrik auch leben.

In Santiniketan finden wir im Gästehaus der Tagore-Universität Unterkunft. Nach dem Mittagessen (Hammel, Dal, Reis) führt uns der Universitätsdirektor durch Häuser, die Tagore und sein Sohn bauen ließen. Einzig das Lehmhaus macht Eindruck, obgleich dessen Fassadenschmuck – Reliefplastiken aus einem Ton-, Lehm-, Sand- und Kuhdunggemisch – schwarzspeckig geteert und ziemlich scheußlich ist.

Warum wird Personen durch Museen, die sie ausstellen, so beflissen Gewalt angetan? Die Überfülle der Fotos zeigt Tagore als Guru aus dem Bilderbuch, gebläht von Würde; Abbildungen, die Gerhart Hauptmann im Halbprofil zeigen, fallen mir ein. Alle, auch der Universitätsdirektor, sprechen, wenn sie von Rabindranath Tagore sprechen, feierlich. Erst später, abseits der Ausstellung, während der Direktor von der Verheiratung des zweiundzwanzigjährigen Dichters mit einem Kind und Tagores unglücklicher Liebe zu Indira Devi, der Frau seines Bruders, erzählt, wird das Ausstellungsobjekt menschlich. Indira Devi wählte das neunjährige Mädchen für ihren Geliebten aus und beging vier Monate nach der Hochzeit Selbstmord; das Mädchen starb, nachdem es Frau geworden und genügend Kinder geboren hatte, frühzeitig.

Im Universitätsgelände beeindrucken uns kreisrunde Unterrichtsplätze im Schatten alter Baumgruppen. Die vielen lieblichen Töchter und blütenweißen Söhne, im Kreis um ihren Lehrer geschart, spotten der indischen Misere. Auch hier ist mit Vorzug englische Literatur des neunzehnten Jahrhunderts Unterrichtsstoff. Tagore hingegen wollte die Vielzahl indischer Sprachen fördern. Leider, sagt der Direktor, seien die Kurse für

Marathi, Tamil, Urdu usw. unterbelegt. (Während ich zeichne, sitzt Ute abseits: unter welchem Birnbaum mit ihren Gedanken weit weg?)

Am nächsten Tag besuchen wir zwei Santaldörfer, das erste am Rande des Universitätsgeländes, das andere drei Kilometer entfernt in einem Jungwald (Eukalyptus), der auf verkarstetem Boden angepflanzt wurde. In beiden Dörfern geräumige Lehmbauten, die oft zu viert ein Gehöft mit Innenhof bilden. Keine Müllberge, überwachsenen Trümmer, Schlaglöcher, keine abseitigen Dorfteile für Unberührbare. Auf jedem Hof Kühe, Ziegen, Hühner und Tauben, die in tönernen Krügen, die unterm Reisstrohdach hängen, ihre Schläge haben. Die Santal (Schantal gesprochen) sind ein Stammesvolk, älter noch als die südindischen Drawiden. Gemessen am Hinduismus, kommt mir ihre Naturreligion nahezu vernünftig vor. Sie essen jegliches Fleisch. Die Braut muß nicht mit Aussteuer und zusätzlichem Motorroller dem Bräutigam und dessen Familie annehmbar gemacht werden. Scheidungen sind möglich. Sogar (geheimgehaltene) Geburtenkontrolle soll es geben: durchschnittlich gehören drei bis vier Kinder zu einer Santalfamilie; bei den Hindubauern sind es oft fünf und mehr. Im ersten Dorf (in Universitätsnähe) gibt es Mischehen. Die Santal, Männer wie Frauen, trinken regelmäßig aus Reis und pflanzlichem Gärstoff gebrannten Schnaps, der bekömmlich sein muß. Eine Frau zieht ein Tuch von weißen Küchlein in randvoller Schüssel, dem Treibstoff dörflicher Räusche. Lachend erzählt sie von Saufgewohnheiten.

Im ersten Dorf wählt die Mehrheit CPI(M). Überm Opferstock in der Dorfmitte steht als Wandinschrift: Wählt Kommunismus! Auch der Dorfpriester wird gewählt und kann abgewählt werden. Ein uralter Santal, dessen weißer Bart bis zum Hüfttuch fällt, zeigt uns einen selbstgenähten Regenschirm aus Flicken, in die er die Geschichte seines Stammes in Bildschrift gestickt hat.

Im Walddorf berichtet der Universitätsdirektor von Bemühungen um die Santal: Den Brunnen hier habe ein ehemaliger Anhänger der Naxaliten gebaut, der nach dem blutigen Ende der Aufstände (und einiger Zeit im Untergrund) zu Gandhis Ideen gefunden habe und nun mit seiner Organisation Tagores Reformen wiederbeleben wolle...

Einige Tierreliefs heben sich plastisch von den Mauern der Lehmhäuser ab, deren wulstige Sockel von rosaroten oder blauen Farbstreifen begrenzt sind. Wir sehen, wie Frauen in Schüsseln Lehmbrei verrühren. Jetzt, nach der Monsunzeit, werden Risse und Unterspülungen im Mauerwerk ausgebessert.

Tags drauf besichtigen wir den Musterhof der Universität und einige kunstgewerbliche Werkstätten. Von Tagores Reformen sind nur noch Reste zu erkennen. Der Hof ist verdreckt, die Hühnerfarm eine auf Fischmehlfütterung basierende Fabrik. Immerhin hält, während ich skizziere, ein Bulle still. (Er komme, heißt es, nur selten zum Zug. Für Aufzucht fehle Weideland.)

Bei den Webern sind nur noch vier Stühle in Betrieb. Ein gutes Dutzend ist ruiniert, aufgegeben, verstaubt, kaum noch als Webstühle zu erkennen. Niemand in den umliegenden Dörfern will dieses Handwerk erlernen, weil nach Abschluß der Lehre die Mittel fehlen, Weben selbständig als Beruf auszuüben.

Traurig die Töpferei, dürftig die Lederverarbeitung. Einzig bei den Papiermachern wird mit ansehnlichem Ergebnis produziert: Bütten in verschiedener Größe. Ich kaufe zehn Bögen für Motive, die auf Calcuttas Straßen liegen.

Nach abendlichem Spaziergang durch Santiniketan-Stadt, wo wir in verschiedenen Garküchen Tee trinken und unsere Trauer über soviel Vergeblichkeit wiederkäuen, treffen wir im Gästehaus zwei Russen. Beide sind Gastdozenten der Universität: sie als Sprachlehrerin, er als technischer Wissenschaftler. Wir trinken Bier, das uns der Universitätsdirektor fürsorglich hat bringen lassen. Fern dem heimischen Kontinent sprechen wir nicht als Bundesdeutsche und Sowjetbürger miteinander, vielmehr als Europäer, gleichermaßen verstört von indischen Wirklichkeiten. Ute lebt auf; die Sprachlehrerin stammt aus Riga und versichert, daß die Ostsee immer noch kleine Wellen mache. (Mit letztem Schluck trinken wir auf Gorbatschow, besorgt, es könnten seine Reformen an dumpfer Beharrlichkeit scheitern und zu bloßen Erinnerungsruinen werden wie die Ideen Gandhis, wie Tagores Versuch ...)

Im Frühzug nach Calcutta hören wir wieder Sänger zum Klang einsaitiger Instrumente Gedichte vortragen. Besonders ein Knabe mit Schmetterstimme hat Erfolg. Viele mitreisende Bengalen wackeln – was wie bekümmerte Verneinung aussieht – zustimmend mit den Köpfen.

Kaum zurück aus Santiniketan, höre ich Klagen bengalischer Schriftsteller: Die »Indische Woche« während der Frankfurter Buchmesse sei ein Schwindel gewesen. Eingeladen und vorgeführt, habe man sie benutzt. Prachtvolle Kunstbücher, gewiß, aber kein größerer Verlag interessiere sich ernsthaft für die indischen Literaturen.

Mich beschämen diese Klagen nicht nur, weil sie berechtigt sind. Ob in Berlin, Hamburg oder Frankfurt: man schmückt sich mit dem Ausstellungsobjekt »Dritte Welt« und läßt sich den Vorzeigerummel etwas kosten; so auch der Börsenverein des deutschen Buchhandels. Ein paar Hunderttausend sind schnell lockergemacht; tüchtige Arrangeure, reich an kulissenhaften Ideen, sind immer zu haben. Das paßt in die landesweite Festival-Landschaft. Immer muß etwas laufen: möglichst bunt, exotisch und ein bißchen engagiert. Doch schlüge jemand vor, diese schnell lockeren paar Hunderttausend in Übersetzungen aus indischen Literatursprachen zu investieren, fiele sogleich der Vorhang. Das mache nichts her. Das sei zu langwierig, zu lautlos medienfremd und viel zu weit weg...

Im Institut später ein Kurzfilm von Mrynal Sen. Ein kommunistischer Funktionär sorgt, seitdem die Partei regiert, für sich und seine Frau: eine größere Wohnung, neue Möbel, ein Telefonanschluß. Auch wird der Frau, die als Lehrerin auf dem Land arbeitet, eine Position in der Stadt (Calcutta) angeboten. Wir sehen die genaue Studie alltäglicher Korruption und deren seltene Folge: das nächtliche Gespräch des Funktionärs mit seiner Frau über großen Verlust bei kleinen Gewinnen, die Scham...

Auf der Fahrt vom Institut nach Lake Town: unter ausladendem Baum drei Slumzelte im Schatten. Aus Distanz gesehen: schon wieder eine Idylle. Und Kinder im Müll beim Murmelspiel, arbeitslose Hocker auf Kiesbergen. In Lake Town warten meine zehn Büttenbögen, zwölf Rupien das Stück.

Daud und sein Freund Sourav holen uns ab. Wir fahren zur Paturia Ghat Street, zu jenem Mullick (und Poeten), in dessen düsterem Palast Fellini einen Film drehen könnte: Netajis Rückkehr...

Vom Palastdach herab zeichne ich Stadtansichten, aufgeregt, weil mir solche Motive ungewohnt sind. Danach weiter zum nahen Verbrennungsghat, das wir – wie den Slum entlang der Eisenbahnschienen – schon einmal gesehen haben. Der Mullick, dessen Familie die heute staatliche Verbrennungs- und Badeanstalt früher gehörte, begleitet uns. Einige Männer vom Verbrennungspersonal verlassen die Scheiterhaufen, um mir beim Zeichnen zuzusehen.

Drei Feuer brennen, eines ist niedergebrannt, die Leiche zu Asche geworden. Zum Ganges hin der kulissenhaft offene Hofbau, durch den sich in Schwaden Rauch verflüchtigt. Gleichzeitigkeit der Vorgänge: der Gesang junger Männer um ein soeben entfachtes Feuer; die Verlassenheit der Leiche während der Schlußphase der Verbrennung. Ab und zu legt jemand Holz nach oder schiebt halb verkohlte Stücke – sind es Gliedteile, ist es Holz? – zurück in die Glut. Der leicht süße Geruch. Mulden im aufgerissenen Ziegelpflaster der Höfe, frei für weitere Leichen. Rauchschwarze Mauern, die schwarz auf schwarz dicht beschrieben sind: Namen über Namen.

Während wir am großen Holzstoß vorbei zurück zum Palast laufen, erklärt uns der Mullick Verbrennungsbräuche: Der älteste oder jüngste Sohn muß mehrmals um die in Holz gebettete Leiche des Vaters laufen, dabei Gebete hersagen, dann dem Vater einen brennenden Span in den offenen Mund stoßen und schließlich das Feuer entzünden.

Am Abend hören wir in Alipur, wo Konsuln (nebst Gattinnen) nachbarlich mit neureichem Geld wohnen, Carl Orffs »Carmina Burana«, eine Musik, die sich mit Hilfe von Solisten, Chor und Orchester angestrengt wild gibt. »La Martiniere«, das College für Oberschicht und gehobenen Mittelstand, und der Leiter des Instituts (Max Mueller Bhavan), der besser in Kiel, Bonn oder sonstwo Dirigent geworden wäre, betreiben unter freiem Himmel diesen Aufwand. (Für Spezialgeräusche wurden extra vier Instrumentalisten eingeflogen.) Ein verlorener, ein obszöner Abend. Während der Rückfahrt: letzter Kochfeuer Widerschein, Schläfer verschattet, Kühe ruhelos...

Sie liest wie heimlich. Gegen Fieber, Ekel, Entzündungen, Heimweh und nun auch Schwindelanfälle nimmt sie ihr Gegengift. Er variiert seinen Traum: nicht er sei ihr vor Jahren zufällig und besitzergreifend begegnet, vielmehr habe sie rechtzeitig ein Häuschen (strohgedeckt) an der holsteinischen Ostseeküste zu teuer gekauft, um dort mit ihren Kindern zu wohnen, bis eines Tages zweispännig eine Kutsche vorgefahren sei, deren Fahrgast, ein Herr Mitte Sechzig, sich vorgestellt und sogleich, kaum in der guten Stube, Vollpension und ein ruhiges Zimmer mit Seeblick erbeten habe – eine dezente Liebesgeschichte, die mich ausspart. Dabei könnte der Garten hinter der Kate einen Birnbaum bereithalten, der für drei oder vier (falls seine Emilie nachgereist kommt) schattig genug und fern von Calcutta wäre, wo alles ausgeleuchtet zutage tritt und Utes Augen entzündet sind.

Smog lastet auf der Stadt, seitdem keine Monsungüsse niederschlagen. Mit Daud, Sourav und Tripty ins Theater, dem Maidan gegenüber, auf dem offene Märkte abgehalten werden und viel Volk unterwegs ist.

Das Stück handelt von einem Dieb, der nacheinander auf witzige Weise einen Guru, einen Großgrundbesitzer (Zamindar), einen feisten Brahmanen bestiehlt und jeweils den Polizisten foppt. Natürlich klaut der Dieb nur für die Armen, weshalb ihn das Volk liebt. Doch als er die Kronjuwelen der alleinherrschenden Landesfürstin samt Schatulle mitgehen läßt und mehrmals den korrupten Polizeichef genarrt hat, wird er endlich doch geschnappt und vor die Fürstin gebracht. Die findet Gefallen an ihm, er aber nicht an ihr. Obgleich hungrig, weist er ihr Essen, ihre Liebe zurück und wird schließlich den Soldaten ausgeliefert, die ihn eindrucksvoll töten.

Alle Schauspieler und Sänger, die die Handlung nach Moritatensängerart von der Rampe aus (auch für uns verständlich) kommentieren, sind Laien aus einem weitentlegenen Dorf, die nur nach Erntezeiten als Schauspieler auftreten; alle sind Angehörige eines Stammes, der zur indischen Urbevölkerung (und mißachteten Minderheit) gehört. Der akrobatische Dieb, die expressiven Moritatensänger, die tänzerischen Zwischenspiele: alle und alles bereiten Vergnügen, zumal es Habib Tanvir, dem Regisseur des Stückes, gelingt, leichthin die Gaunereien der Gegenwart mitzuspielen. (Merkwürdig, mit wie spärlichem Applaus das während zwei Stunden mitgerissene Publikum den Schauspielern dankt.)

Danach essen wir in einem vegetarischen Restaurant. Noch immer sind wie ziellos Menschenmassen unterwegs. Tagsüber waren auf dem Maidan über vierhunderttausend zusammengekommen, um mit der Left-Front-Regierung den Beginn des Wahlkampfes zu feiern. Viele Anhänger der CPI(M) wurden mit Lastwagen in die Stadt gekarrt; gegen Tagesgeld sind andere schon am Vortag gekommen. Sie mußten im Freien übernachten. (Uns ist, als setze das Stück sich fort, als werde gleich der akrobatische Dieb wieder die Szene betreten und nun Parteifunktionäre foppen, Parlamentarier bloßstellen und den allerneuesten Korruptionsschwindel auffliegen lassen.)

Es ist jetzt kühler nachts. Auch wir liegen unter Decken. Nach Skizzen vom Vortag zeichne ich bis spät einen wie über Nacht entstandenen Slum, einzeilig an eine Fabrikmauer gelehnt. Wieder erschreckt mich die (ungeschriebene) Ästhetik der Armut: wie jedes Detail der aus Lumpen, Plastikplanen, Pappe und Jutesäcken errichteten Hütten entsetzlich gegenständlich ist und benannt werden will. Kein Zweifel, diese letztmögliche Schönheit stellt alles, was anerkannt als schön gilt, in Frage.

Bevor wir nach Bangladesh reisen – dort erwarten uns Dauds vierzehn Brüder und Schwestern –, will ich Gesichter aufnehmen: den Ausdruck klagloser Sorge, den konzentrierten Ernst jener Hocker, die, weil nicht mehr auf Arbeit, auf nirgendwas warten. Wie gesichtslos und früh verfettet der Mittelstand ist. Alles, was ich habe und vorweise, kann nur Beleg meiner Aufmerksamkeit sein, mehr nicht.

Nachts, spät, lese ich mich in einem schmalen Buch von Gour Kishore Ghosh fest: »Let me have my say«, während Indira Gandhis Schreckensherrschaft geschrieben und gleichermaßen gegen das Hinrichtungssystem der Naxaliten gerichtet; ein Demokrat (hoffnungslos) zwischen den Fronten...

Bei der Sicherheitskontrolle – nur eine halbe Stunde Flugzeit steht uns bevor – nimmt einer der Beamten wie selbstverständlich zwei Zigarren aus meiner Kiste: Er liebe Brasil. Wir haben versäumt, unsere Ausreise und Wiedereinreise zu beantragen. Ich hole schriftlich das Versäumte nach, dennoch bleibt unsere Aufenthaltsgenehmigung für Indien bei der Flughafenpolizei; dieser Zugriff wird bis kurz vor unserem Abflug nach Europa bürokratische Folgen haben.

Sechs Millionen Menschen in einer Provinzstadt, die Hauptstadt eines Landes ist, dessen Fläche der doppelten Größe Bayerns entspricht und das, bei drei Prozent jährlichem Zuwachs, über hundert Millionen Einwohner zählt; nur zwanzig Prozent können lesen und schreiben. Weder die Massaker in den Jahren 46/47 noch die Dezimierungen 1971, als Bangladesh unabhängig wurde, konnten die Statistik aufbessern; auch nicht die regelmäßigen Sturmfluten mit nachfolgenden Epidemien.

Weniger Autos als in Calcutta, doch hunderttausend zugelassene Fahrradrikschas. Die Luft besser, weniger Müll auf den Straßen, keine Kühe quer zum Verkehr. Auch sind die breiten, für Militärparaden bemessenen Zufahrten frei von Schlaglöchern.

Eine Gruppe Schriftsteller empfängt uns mit Blumen auf dem Flughafen Dakka. Nach dem Essen (chinesisch) schlafen wir ohne Moskitonetz und kommen uns wie bloßgelegt vor. Am Morgen dann mit buntbemalter Rikscha in die Altstadt. Es dauert, bis der Preis ausgehandelt ist; Belal Chowdhury, ein Schriftsteller, führt uns.

In dieser Moslemstadt wird das Straßenbild von Männern bestimmt, ausgenommen ein Viertel, in dem als Minderheit Hindus wohnen. Wie Daud führt uns Belal ohne Umstände in Werkstätten, stellt uns Familien vor. In seiner engen, durch Bretterverschläge erweiterten Wohnung öffnet ein jüngerer Mann den geheimen, in einem wandschrankähnlichen Kasten verborgenen Hausaltar: Durga, Ganesh, Lakshmi von Krimskrams umstellt, dazu ein Puppenbett mit Moskitonetz, in das die Gottheiten zur Schlafenszeit gebettet werden. Angst vor neuen Pogromen wird lächelnd verneint: Das lohne ja kaum noch. – Eine kinderreiche Familie.

Danach in Werkstätten, in denen mit Eisenblättern Muscheln zu Armreifen zersägt werden; der linke Fuß preßt die Muschel gegen einen Holzblock, dicht vor den Zehen setzt die Säge an, die beidhändig geführt wird. Trotz Metallblatt ein steinzeitlicher Arbeitsvorgang. Später besichtigen wir Reste der weitläufigen Lalbagh-Festung aus der Mogulzeit. Ein eher dürftiges Museum zeigt allenfalls, wie gründlich (und kulturbeflissen) die Engländer ihre Museen bereichert haben – vergleichbar dem großdeutschen Reichsmarschall Göring, der die Kunstschätze fremder Völker liebte.

Nachmittags eine Diskussion in der Universität über die systematische Ausrottung der Stammesbevölkerung in der Chittagong-Hügelregion: der bengalische Rassismus ist grenzüberschreitend. In Bangladesh läßt die Militärregierung keine öffentliche Kritik an ihrem Vernichtungsfeldzug aufkommen. Zudem sind die oppositionellen, vom Mittelstand bestimmten Gruppen kaum berührt vom Schicksal der »tribals«. Auch hier (wie in Calcutta) absorbiert täglicher Überlebenskampf jede Anteilnahme, die über Familien- oder Gruppeninteressen hinausreicht.

Eine Einladung, die Belal aus gutem Grund ausschlägt: das Essen mit Schriftstellern bei einem Industriellen, der als Literaturliebhaber gilt und dessen Frau auch sogleich mit verhauchter Stimme, vom Harmonium begleitet zwei Tagore-Lieder vorträgt. Beim

Essen wirft das Gespräch mit Fragen um sich, die selten auf Antworten warten. Über politische Anspielungen, die sich allseits des Tisches als geistreich gefallen, kommt man zum Thema; denn so endgültig Bengalen geteilt und nur deshalb Deutschland vergleichbar sein mag: die Bewunderung für Subhas Chandra Bose spricht sich ungeteilt und frei von Zweifeln aus.

Tags drauf bei Töpfern, die bald keine Arbeit mehr finden werden, weil immer mehr Plastikgeschirr auf den Markt kommt. Hinter der Töpfersiedlung weite Flußlandschaft: auf einer Halbinsel lagern Flußzigeuner, die mit Schlangen, Muscheln, Heilkräutern handeln. Im Vordergrund wird ein Schiff entladen. Die vielen Mündungsarme des Ganges sind miteinander verbunden und führen Lastensegler und Passagierdampfer nach überall hin. Einige Boote bringen Flußschlamm, den die Töpfer mit Ton mischen. Auch hier Stapel Brennholz, die Waage daneben.

Am Nachmittag führt uns Belal ins Geneva Camp, jenes ausgedehnte und doch überfüllte Slumgebiet, in dem zwanzigtausend moslemische Biharis hausen. 1947 wollten sie aus dem indischen Bundesstaat Bihar nach Westpakistan auswandern, wurden aber nach Ostpakistan verwiesen. Viele männliche Umsiedler fanden bei der Eisenbahn Arbeit. Als Ostpakistan (mit Indiens militärischer Hilfe) nach langem Gemetzel zu Bangladesh wurde, entschieden sich die Biharis abermals für Pakistan, fanden dort aber immer noch keine Gegenliebe und mußten bleiben, weil auch die Rückkehr nach Indien, nach Bihar versperrt blieb. In Bangladesh wurden sie fortan wie Staatenlose behandelt: unzureichende Wasserversorgung, beschränkte Arbeitsgenehmigung, kein staatlicher Gesundheitsdienst; bei ständigem Reismangel sind achtzig Prozent der Kinder unterernährt.

Von den Vereinten Nationen werden die Pakistan-Biharis nicht als Flüchtlinge anerkannt. Das Genfer Rote Kreuz hat seine Zuständigkeit an die Filiale von Bangladesh delegiert, diese wiederum reichte sie weiter an die Stadtbehörden von Dakka. Also tut niemand was, ausgenommen einige christliche Hilfsorganisationen, die gelegentlich

Reis liefern. (Aus anderen islamischen Staaten kamen bisher nur Packen Propagandaschriften.)

Dennoch gibt es eine kleine Schule, die von zweitausend Kindern in drei Unterrichtsschichten genutzt wird. Aus Familien mit sechs bis acht Kindern darf oft nur ein einziges Kind die Schule besuchen. Neben Urdu und Bangla wird auch Englisch unterrichtet. Bei Schulabschluß muß an die staatliche Prüfungsbehörde eine Gebühr von sechshundert Taka bezahlt werden; so hoch ist das Monatsgehalt eines Lehrers. Geneva Camp ist nur ein Slum von mehreren. Über zweihunderttausend Biharis, die nicht nach Pakistan dürfen, leben in Lagern, die Slums sind. Kürzlich brannte ein Slumviertel ab. Kein Löschwasser, viele Tote. Politiker, die ich auf die Misere im Geneva Camp anspreche, sagen: Eine Tragödie – und wechseln das Thema. (Ob es, zurück in Berlin, gelingen kann, Hilfe – und sei es nur für die Schule – zu organisieren?) Als wolle er eine Entschuldigung einleiten, sagt Belal: Bisher habe auch er diesen Slum nur von außen …

Um fünf in der Frühe aufs Land. In der Morgenfrische frierende Gestalten, in Tücher, Shawls, Decken gehüllt. Die meisten Hütten wellblechgedeckt. Das Land ist dichter als in Westbengalen besiedelt: Dorf geht in Dorf über. Unser Ziel ist der Musselinmarkt in Tangail. Inmitten der Menschenmenge sind die ausgelegten Stoffballen kaum auszumachen. Doch wer, außer Zwischenhändlern, die den Markt beherrschen, könnte diese leichten Gespinste kaufen?

Anschließend besuchen wir das benachbarte Weberdorf Pathrail, in dem Hindus wohnen, etwa siebentausend. Stille, nur das Klappern der Webstühle. Elf Tage lang sitzt ein Weber über seinen Sari gebeugt, der ihm tausend Taka, etwa fünfundsiebzig Mark, einbringt. Abhängigkeit von den Zwischenhändlern wird die Weber zwingen, aufzugeben und nach Bengalen auszuwandern, wo gleichfalls Zwischenhändler den Markt kontrollieren.

Alle Dorfwege lang glänzen wie frischbetaut die Fäden abgespulter Baumwolle.

Kühe unter weitverzweigten Bäumen. Wir gehen zum Fluß. Die vielen, vielen Kinder. Zwei spielende Mungos im Reisfeld. Erinnerungen an Schullektüre: Rikki-Tikki-Tavi...

Im Vergleich zu Westbengalen scheint hier, von Staats wegen, alles straffer organisiert zu sein. Eine Diktatur, der allenfalls im Universitätsgelände mit Wandparolen (oft übermalt) der Kampf angesagt wird. Der Staatspräsident ist ein General, der Gedichte schreibt. Wie sorglos, zwischen Flußarmen verteilt, liegt dieses unglückliche Land jedem Zugriff offen: neben den Militärs herrschen, als sei noch Platz übrig, der Islam – und westliches Kapital; vierzig Prozent der Grundnahrungsmittel müssen importiert werden. (Bei Dauds Familie frage ich, ob Daud, im Falle möglicher Rückkehr, Gefahr drohe. Eine überflüssige Frage. – Später werden wir, wechselnden Familienmitgliedern zur Seite, fürs Album fotografiert.)

Nach kurzer Fahrt kommen wir in eine dörfliche Stadt mit blutiger Geschichte, von der Ruinen und verlassene Hindutempel zeugen. Auch hier siedelten früher Weber, die, von weither begehrt, Musselin webten; zum Schutz der englischen Textilindustrie wurden ihnen die geschickten Fingerkuppen abgehackt. Später schlachteten Moslems die Nachfahren der Weber ab, der Rest mußte fliehen. Übrig blieben idyllisch überwucherte Ruinen inmitten üppiger Landschaft. Für die nahe Zukunft ist ein Touristikzentrum in Planung, gleich neben dem Museum.

Dann wieder Veranstaltungen, Gesprächsrunden, bei denen der strebsame Mittelstand den Ton angibt. Zwischendurch ein zu kurzer Besuch in Dakkas Nationalmuseum. Bilderfluchten indisch-europäischer Moderne. Einzig die Pinselzeichnungen Zainul Abedins bleiben haften. Er war Zeuge des bengalischen Hungers, 1943, als unter britischer Verwaltung über zwei Millionen Bengalen krepierten. Wer heute der Schuldfrage nachgeht, wird auf das übliche Kompetenzgerangel zwischen London, New Delhi und lokalen Behörden stoßen, auf zynisch wiederholte Sachzwänge: Die Kriegslage, fehlende Transportkapazität, indische Rivalitäten, eine Mißernte, das Wetter und so weiter.

(Übrigens bot Subhas Chandra Bose, damals schon unter Japans Obhut, hunderttausend Tonnen burmesischen Reis vergeblich an; London nahm nichts vom Gegner.)

Abedins Zeichnungen auf beige bis rotbraun getöntem Papier – es mögen dreißig Blatt sein – zählen Bettelnde, Verhungernde auf. Wenige Pinselstriche, Konturen, sparsame Innenzeichnung. Hinter- und Vordergründe sind oft nur angedeutet. Hungergestik, Krähen auf Sterbenden und Toten, streunende Hunde. Die Hungerbäuche der Kinder, die leeren Schüsseln, Müll. Oft wischt der fast trockene Pinsel nur Abkürzungen.

In späteren Jahren stilisiert auch Abedin die indische Folklore bis zur Gefälligkeit. Ein Wandbild, das Folgen eines Zyklons zum Thema hat, der im November 1970 in Bangladesh über dreihunderttausend Menschen ins Meer riß oder unter Schlamm begrub, wirkt nur noch dekorativ, wenngleich es im Detail an die frühen Pinselzeichnungen erinnert.

Auf der Fahrt zum Flughafen: viel Armee unterwegs, die den bevorstehenden Unabhängigkeitstag, Paraden und Sicherheitsvorkehrungen übt.

Wie die Bengalen heißen: Mitra, Gupta, Dasgupta, Sen, Dutta, Chowdhury, Ray, Banerjee, Chatterjee, Mukherjee, Basu, Chakrabarty oder auch Chackerbutty, Bose, wie hoch zu Roß jener Subhas Chandra, Ghose, Ghosh und natürlich Tagore. Große, vielverbreitete Namen, einst (und manchmal immer noch) mit Landbesitz, Kohlegruben, Jutemühlen, mit Schiffswerften und Reichtum in Einklang, bis vor gut hundert Jahren die Marvaris, Angehörige einer Händlerkaste aus Radjasthan, kamen, immer mehr wurden und sich durch Handel und Geldverleih zahlungskräftig genug machten, um in den Grundstückshandel und in die Juteindustrie einzusteigen.

Spätestens seit dem Ghee-Skandal während des Ersten Weltkriegs – Ghee ist heilige, das heißt gereinigte Butter, die bei religiösen Handlungen, bei Leichenverbrennungen etwa, verbraucht wird und damals von Gheehändlern, viele waren Marvaris, gepanscht, sogar mit Zutaten (Rindertalg) versetzt wurde – begannen Verachtung und Haß, nicht nur üblicher Neid alle Geschäfte der Marvaris zu begleiten. Kein Wunder, denn bald gehörten ihnen die Grundstücke der Mitras, Mukherjees und Guptas. Schon waren sie hundertprozentige Eigner jener Kohlegruben, die vormals den Tagores und Chowdhurys gehört hatten. Und als die Engländer den Subkontinent ausgelaugt, endlich satt hatten und ihr Kapital von Calcutta abzogen, sprangen eilfertig Marvaris in die Finanzlücke. Heute, sagen Herr Sen und Herr Chackerbutty, gehört ihnen alles, überall sind sie drin, nichts läuft ohne sie. Zum Beispiel Birla mit seinem Konzern...

Wir sind bei der Ehefrau eines Marvari zu Gast; ihr Mann sei abwesend, wie immer geschäftlich. Hinter hohen Mauern die Villa. Zimmerfluchten und leise Diener. Bequeme Sitzmöbel, die einer Fernsehproduktion (Familienserie) entliehen sein könnten. Die Frau des Marvari und ihre Freundin, die Bengalin ist, wollen mit uns über Literatur reden; ihr Mann, wie alle Marvaris, interessiere sich nicht dafür. Also plaudern wir über ihre Literatur-Agentur, die, das gestehe sie offen, von ihrem Mann finanziert werde; großzügig und tolerant sei er, beteuert die Freundin.

Selten bin ich neugieriger auf einen abwesenden Ehemann gewesen. Dann kommt er und will nur wissen, wen seine liebe Frau zu Gast habe. Als müsse sogleich Grundsätzliches geklärt werden, klagt er – dabei lächelnd seine Klage ironisierend – über das ungerechtfertigt schlechte Ansehen der Marvaris. Mit Hinweis auf die bengalische Freundin seiner Frau versichert er, mit deren Mann befreundet zu sein: Doch leider werde er dessen Jutemühle, die nahezu pleite, weil heruntergewirtschaftet sei, demnächst, auf Wunsch des Freundes, kaufen müssen. Es fehle am Management. Den Bengalen mangle Sinn für Realität. Obzwar man, finanziert von Marvaris, eine Managementschule für junge, strebsame Bengalen unterhalte, komme wenig dabei raus. Pleite nach Pleite. Nun werde man ihn hassen, weil er schon wieder eine Jutemühle habe kaufen müssen. Natürlich seien nie die Bengalen, immer nur die habgierigen Marvaris schuld.

Mich erinnere das an deutsche Vorurteile und deren Folgen, sage ich. Er vermutet, daß sich jede Gesellschaft, wenn keine wirklichen Juden greifbar seien, ihre Juden erfinde. Das könnten anderenorts durchaus Armenier, Chinesen oder auch Marvaris sein.

Die beiden Damen schweigen. Aber, fügt er hinzu, so schlimm werde es hier wohl nicht kommen. Dann wird wieder, auf seinen Wunsch – er wolle nicht stören – über Literatur geplaudert.

... wenn schon nicht zu dritt unterm heimischen Birnbaum, dann ließe sich unter den Bäumen des Maidan, nahe den Resten von Fort William, in dem noch immer Armee-Einheiten kaserniert sind, über »The Great Indian Mutiny«, den Sepoy-Aufstand in Bengalen und anderswo, ein Gespräch führen – natürlich aus seiner Sicht.

1857: Seit mehr als einem Jahr lebt der Presseattaché der preußischen Gesandtschaft (im Dienst des reaktionären Manteuffel-Ministeriums) als Korrespondent der Kreuzzeitung in London. Mit deutschen Emigranten, die ihn als »Regierungsschweinehund« oder gar Spitzel verdächtigen, kommt er selten zusammen, doch bleiben ihm genügend englische Kontakte. Er schreibt gelegentlich für die »Times« und besticht – hier ganz seinem Dienstherrn verpflichtet – den Verleger des »Morning Chronicle«, keine Artikel mit antipreußischer Tendenz zu veröffentlichen; zweitausend Taler jährlich ist diese Bestechung wert.

Das alles bekommt Fontane nicht. Es geht ihm auch kaum besser, als im Sommer '57 Emilie mit den Kindern eintrifft und in Camden, einer nördlichen Londoner Vorstadt, Wohnung nimmt.

Fontanes Frau findet ihren Mann verstört vor; er sei von nervöser Kränklichkeit. Mag sein, daß zur Zweideutigkeit seiner beruflichen Situation noch eine weitere Verunsicherung hinzugekommen ist: jener im Mai gemeldete Sepoy-Aufstand, der bald darauf von britischen Strafbataillonen niedergeschlagen wird, beschädigt sein bis dahin säuberliches Englandbild. Schon die Chinapolitik des Empire, die er in der Kreuzzeitung »Opiumhandel und Timeslogik« nannte, hat ihn empört; doch nun, als nach dem Gemetzel in Indien – es werden Meuterer vor Kanonenmündungen gebunden – britische Machtgier zulangt und den Herrschaftsbereich der East Indian Company als Kronkolonie dem Empire zuschlägt, ist Fontane angewidert von soviel christlicher Heuchelei und blanker Geldgier, deren Maxime er schon einmal in einem Artikel »Kattun oder Tod« genannt hat. Er wird krank, verlangt nach längerem Kuraufenthalt im Riesengebirge, den ihm das Manteuffel-Ministerium verweigert.

Er sei dann nach Schottland gereist, sagt der alte Fontane zu uns unter den staubigen Maidanbäumen. Nach einigen Abschweifungen in schottische Täler und Nebentäler, wobei jede Burg und jeder Clan beim Namen genannt wird, nimmt er das leidige Thema abermals auf: Übrigens sei Calcutta beim Sepoy-Aufstand glimpflich davongekommen, dank des schottischen Regiments. Die meuternden Kompanien in Barrackpore hätten sich von den 78. Highlanders kampflos entwaffnen lassen, wodurch spätere Strafmaßnahmen leider nicht auszuschließen gewesen seien. In Calcutta selbst habe es zwar Anzeichen von Panik gegeben, doch keine Plünderungen, obgleich die Wohlhabenden aus christlichen Stadtteilen und aus den Palästen der Chowringhee ihre Häuser und Zimmerfluchten geräumt und sich mit ihrem Tafelsilber unter den Schutz der Kanonen von Fort William hierher geflüchtet hatten.

Was aber den preußischen Presseattaché betreffe, der sei ein gutes Jahr später – zurück in Berlin – wieder arm und mansardenbeengt, aber reich an schottischen Anekdoten und ein freier Schriftsteller gewesen.

Jetzt, nach der Monsunzeit, in den kühleren Nächten, liegen die Schläfer wie Mumien gewickelt. Weißgraue Laken zeichnen Gestreckte, seitlich Gekrümmte, bilden Rücken- und Bauchlagen ab. Oft der Kopf gänzlich verhüllt, die Füße frei, seltsam groß und ausgebildet. Schwielige, rissige Sohlen. Einer Fünfergruppe zehn Füße. Körbe, Knüppelholz, Bündel, Kochtöpfe, Besen, schlaffe Fahrradschläuche davor und daneben.

Manche liegen in Halbzelten, die gegen Häuserwände, Grundstücksmauern gelehnt sind und bei Tagesanbruch eingerollt werden. Viele liegen, der Sicherheit wegen, unter Bogenlampen, fahl ausgeleuchtet. Und überall stehen Kühe im Bild.

Hier wird auch gekocht, am Abend, am frühen Morgen. Ein Teil der Familie bleibt, wo ihr über Mittelsmänner gemieteter Platz ist, und klopft Asche von halbverglühter Kohle, hackt Brennholz zum Verkauf, spült Flaschen, bündelt Papier.

Nicht als Elend, das zum Himmel schreit, vielmehr als letztmögliche, von Tag zu Tag geregelte Existenz, auch ganz ungeniert und einzig auf die groß und immer größer werdende Familie bedacht, läuft dieses Leben ab, oft seit Jahren.

Schon früh, gegen einundzwanzig Uhr, wenn die Budenmärkte noch offen sind und viel Volk wie ziellos unterwegs bleibt, legen sich die Pavementdweller vor Mauern. Zuvor werden die Schlafplätze gefegt; Besen sind es, die den Unberührbaren auszeichnen.

Mit dem Schriftsteller Gour Kishore Ghosh nach Nordcalcutta, dessen Verleger besuchen. Ein düsteres Verlagshaus mit Buchladen. Nach der Besichtigung wird Tee serviert. Im Lager stapeln sich Buchpakete, in alte Zeitungen verpackt. Es werden von jeder Auflage – im Schnitt zweitausend Exemplare – nur jeweils fünfhundert gebunden auf Lager gehalten. Die Buchhändler holen direkt ab und verdienen bis fünfundzwanzig Prozent vom Ladenpreis, desgleichen die Autoren. Zwanzig Angestellte beschäftigt der Verlag, dessen Inventar, samt Schreibmaschinen, das neunzehnte Jahrhundert festhält: doch sind in Nebenräumen drei moderne Satzschreiber in Betrieb.

Es sind noch weitere Schriftsteller und ein junger Historiker gekommen, alle in weißer, vom Ventilator bewegter Baumwolle. Das Gespräch springt von Thema zu Thema: über die Besonderheiten der Bengalen, über Tagore und seine Nachahmer, über die Teilung des Landes (und Buchmarktes), wobei der Vergleich mit Deutschland, wie aus Höflichkeit, erwähnt wird. Endlich doch über Subhas Chandra Bose. Mein Erstaunen über zu viele, Gandhi verdrängende Denkmäler beantwortet der junge Historiker leicht geniert: Bose sei nun mal Bengale, auch wenn er aus Orissa stamme. Man sehe in ihm eine Figur von geschichtlicher Größe. Zudem seien die Sehnsüchte vieler Bengalen an Führergestalten gebunden. Man hoffe auf einen neuen Netaji. Auch bleibe im Volk die Legende verbreitet: er lebe immer noch irgendwo in den Bergen und werde hundertjährig zurückkehren, auf einem Pferd natürlich.

Man lacht. Und doch kommt mir vor, als seien alle Anwesenden (außer Ghosh) auf Bose fixiert.

Zum Abschied schenkt mir der Verleger einen Bildband mit dem Titel »Netaji«, der Bose in Fotografien feiert: inmitten der Familie in Cuttack im Staat Orissa, mit Studenten in England, dann nach erster Verhaftung, dann im Exil in Burma, als Kommandant der Kongreß-Freiwilligen erstmals in Uniform, als Bürgermeister von Calcutta am Schreibtisch und Häftling (hinfällig) in Lucknow, beim Einschiffen in Bombay, als redenden Propagandisten des »Freien Indien« in Rom, Mailand, Sofia und Berlin, wieder zurück in Calcutta, kahlgeschoren und in Gedanken an seinen kürzlich gestorbenen Vater, dann auf dem Krankenlager, umgeben von Neffen und Nichten, massiv neben Gandhi während des Allindischen Kongresses, mehrmals mit Nehru, beim Einsteigen in eine KLM-Maschine, kurz vorm Abflug nach Europa, in London und Badgastein, wo er Genesung sucht, nach der Landung (wieder gesund) auf dem Flughafen Dum Dum, während der Konferenz in Vishnupur, als Kongreß-Präsident im Großformat, vor wechselnden Mikrofonen, in Widerspruch zu Gandhi feister und feister werdend, mit Nehru und dessen magerer Tochter Indira, in Santiniketan neben Tagore, mit Blumenketten behängt, krank auf dem Weg nach Tripuri, wieder gesund und massiv während seiner Rücktrittserklärung, dann in scharfer Opposition zu Gandhi, als Gründer des militanten Forward Bloc, während der Anti-Kompromiß-Konferenz im März 1940 als Hauptredner, umjubelt in Dakka, wo er zum letzten Kampf gegen England aufruft, kurz vor seiner Verhaftung, unter Hausarrest, beim Hungerstreik liegend, nach der Flucht, von der keine Fotos, nur Telegramme zeugen, dann in Berlin, noch unter dem Decknamen Orlando Mazotta, mit dem japanischen Botschafter Yamamoto, vor Offizieren der Indischen

Legion, neben deren Ausbilder Major Harbich, beim historischen Händeschütteln mit Hitler, zwischen Journalisten, redend vor Kompanien der aufmarschierten Indischen Legion, wie sie beim Fahneneid Treue (Hitler und ihm) geloben, endlich auf dem Turm eines deutschen Unterseebootes, neben ihm der Kommandant Musenberg, gleichfalls auf See sein Freund Abid Hasan, schließlich beide im Schlauchboot, das sie Ende April zu einem japanischen Unterseeboot bringt, dann gemeinsam mit dessen Besatzung, im Mai schon auf Sumatra, im Juni in Tokio, bald danach als Führer der Azad-Hind-Bewegung, wieder vor wechselnden Mikrofonen als Oberbefehlshaber der Indischen Nationalarmee und in Uniform zwischen japanischen Generalen Paraden abnehmend, dann im Gruppenbild mit seinem Kabinett, zu dem in Uniform eine Frau gehört, vorher die provisorische Regierung ausrufend, dann gestiefelt mit Lederhandschuhen, dem Premier Tojo zur Seite, vorm Frauenregiment, beim Sportfest lachend die Zähne zeigend, aufrufend zur totalen Mobilisierung der Inder Ostasiens, hierbei Mussolini gleichend, wieder in Tokio, mit Zigarette, in japanischer Sitzstellung, zwischen Japanern Wein trinkend, in Shanghai und Nanking, endlich – nun ganz Führer, Duce, Netaji – von andamanischer Küste aus (im Profil) nach Indien blickend, in Rangoon, vom burmesischen Präsidenten empfangen, Freiheit oder Tod rufend, bei der INA in Frontnähe, immer wieder vor Mikrofonen To Delhi! To Delhi! rufend, vor Imphal auf indischem Boden, bei der Vorhut im Dschungel, hinterm Scherenfernrohr, Generalstabskarten studierend, wieder in Tokio, vor Kadetten, während des Rückzugs in Bangkok mit Helm und auf letztem Foto, bevor er das Flugzeug besteigt: August fünfundvierzig ...

Gestern kaufte ich neben dem Great Eastern Hotel drei Poster: Stalin, Kali, Bose – die ortsansässige Dreieinigkeit. Daud handelte den Preis aus. Nahe dem Posterstand: hockende Arbeitslose auf einem Schotterhaufen. Die Arme hängend oder verschränkt. Ihrer Fersen sicher. Nicht Geduld, es ist Ergebenheit in einen Zustand, der als normal gilt, wie das Klima. Sobald eine solche Gruppe unter einem Banyanbaum hockt, wirkt sie, wie dessen Luftwurzeln, natürlich. Wartende Hocker vor Mauern, auf Müllbergen, unter Bäumen zeichnen.

Die drei Poster sind glänzende Farbdrucke. Sooft ich sie nebeneinanderlege, immer gerät Kali in die Mitte. Stalin und Bose, der eine olivgrün, der andere khakifarben uniformiert, tragen Orden. Während Kali die Zunge zeigt, lächelt sie.

In der Frühe werden wir von einem Jeep abgeholt und in die Müllberge gebracht, wo, seitlich der Zubringerstraße, für die Müllkinder ein sonntägliches Sportfest stattfinden soll. Ein Transparent weist den Veranstalter aus: »Calcutta Social Project«.

Wettläufe, Laufen mit gebundenen Händen, mit dem Löffel im Mund, in dem eine Glasmurmel rollt, Seilspringen vorwärts und rückwärts, Hüpfen auf einem Bein, schnelles und langsames Radfahren, Weitsprung. Kinder und Jugendliche vom fünften Lebensjahr an bis zu achtzehnjährigen Burschen wetteifern. Als Ehrengäste sitzen wir, dekoriert mit schwersüß riechenden Blumenketten, unterm Zeltdach, von Fliegen befallen.

Dicht neben dem Sanitätsschuppen, in dem Sportgeräte und Siegerprämien verwahrt werden, schließt ein Werkplatz an, auf dem Abfälle der nahen chinesischen Lederfabriken mit chemischen Zusätzen verkocht, dann gesiebt, getrocknet und als Dünger in Säcke abgefüllt werden. Säuerlich riecht es herüber, doch der Geruch der Blumenketten herrscht vor. Bis zu zwölf Rupien am Tag verdienen die Arbeiter, Moslems natürlich.

Daneben der stinkende Kanal und die Straßenbrücke in Richtung Flughafen. Beim Wettkampf siegreiche Müllkinder werden uns vorgeführt. Frau Karlekar, die sich in all ihrer Körperlichkeit der Hitze, den Fliegen ausgesetzt hat, vergibt Preise. Außer meiner Pfeife ist besonders Ute den Kindern bestaunenswert. Ein Mädchen, das beim Löffellaufen gewann, schenkt mir einen Kaugummi.

Hinterm Werkplatz der Abfallkocher beginnt mit frischen Aufschüttungen die Mülllandschaft: Menschen und Kühe darin, Geier und Krähen darüber. Die Tag und Nacht (auch am Sonntag) tätige Müllverwertungsgesellschaft. Und überall, am Straßenrand und an den Abbrüchen der Müllhalden: Papiersäcke, platzvoll gestopft, Ballen Plastikfetzen, Lumpen gebündelt, Körbe voll Scherben, auch unter den Brückenbögen der Zubringerstraße, neben der die Kinder jetzt abermals mit gebundenen Händen um die Wette laufen.

Den Horizont hinter den Müllbergen zeichnet verschachtelt die Stadt mit Hochhäusern, Wassertürmen, Flachbauten, Schloten, die schwarzen Rauch freisetzen, und mit Hochspannungsmasten in Doppelreihe. (Irgendwo in einer der Müllschluchten hockt Kali auf Shivas rosiger Wamme. Sein Kopf, die Sichel beiseite. Ihre Schwärze verschattet den Rumpf – oder der Rauch der Schlote hat die Sonne verfinstert.)

Nach dem Mittagessen bei den Karlekars, die nur noch Slum- und Müllkindern nützlich sein wollen, fahren wir zu Amitava Ray im Süden der Stadt. Auf seiner Dachterrasse wird seit einigen Tagen »Die Plebejer proben den Aufstand« nach noch unfertiger Bangla-Übersetzung geprobt. Ray führt Regie und hat die schwierigste Rolle, den Chef, der gleichzeitig Coriolan sein muß, übernommen.

Die Terrasse ist mit rosa verschossenen Tüchern verhängt. Ein wie in Eile errichtetes Bambusgerüst spannt die Tücher zum Bühnenraum. Nacheinander treffen sieben, acht Schauspieler ein. Sie klagen über die Busverbindungen. Die meisten Schauspieler sind Mitglieder der Kommunistischen Partei. Meine Frage nach Schwierigkeiten, die ihnen die Aufführung der als »konterrevolutionär und antikommunistisch« eingestuften »Plebejer« bereiten werde, beantworten sie lachend: Dafür biete das Stück Gelegenheit, im zweiten Akt ein Stalinbild zu zerschlagen. Was der eine Maurer im Zorn tue, hätte die Partei längst leisten müssen.

Amitava Ray probt im dritten Akt die Bauch- und Gliederstory und die anschließende Hängeszene. Weil Erwin, den ein bärtiger Schauspieler spielt, die demagogische Mär von der allumfassenden Fürsorge des Staates singen, nach bengalischem Theaterverständnis singen will, schlage ich vor, die instrumentale Begleitung den übertölpelten Arbeitern zuzumuten; besser könne kaum deutlich werden, wie erfolgreich der alte Trick immer noch wirke. (Nach über zwei Jahrzehnten Abstinenz interessiert mich wieder Theater. Rays Spielweise, die keinen Regiekult zuläßt und den Autor wie selbstverständlich in Dienst nimmt, fordert mich mitzumachen.)

Während der Probe Unmengen Tee. Geräusche aus der Nachbarschaft. Jemand schlägt weithallend auf Eisen. Gegen Abend klagen Muschelhörner. Krähenschwärme fallen in nahstehende Bäume ein. Aus offenen Fenstern Radiomusik. Das alles und auch der Fahrradrikschas Dauerhupen überspielen mein Stück. Zu Hause verweigert sich ihm seit Jahren jede Bühne, weil es in Deutsch – und Deutschland – querliegt. Während der Rückfahrt – noch Erwins leicht parodierende Singstimme im Ohr – sehen wir erste Pavementdweller und Frauen, die um Kochstellen hocken. Wie theatralisch der Feuerschein auf Hocker und Schläfer fällt.

Drei Stunden lang Gassengewirr, bis wir in Nähe des Flusses auf die ruinenhafte Kulisse eines Palastes stoßen. Das Portal lastet auf acht mächtigen, von verästelten Bäumen umkrallten Säulen, die Seitenflügel sind von schlankeren, gleichfalls mit Wildwuchs und Schlingpflanzen durchsetzten Säulen flankiert.

Wortlos zieht uns Daud in den Palast. Der Innenhof geräumig. Einst reiche, nun sichtbar haltlose Fassaden. Des einen Flügels Innenräume verlieren sich in unbewohnter Schwärze. Trümmer, Gerümpel, Müll stürzen aus Türen und Treppenhäusern. Spielende Kinder, Tauben, Wäsche an Stangen vor der hinteren Front.

Endlich ruft uns ein Herr im üblichen Pyjama von einer Balustrade herab in den rechten Flügel. Er ist Richter beim High Court und als Nachfahr des einstigen Mullick (mit sechs anderen Verwandten) Besitzer der Halbruine. Im Mittelgeschoß bewohnt er einige sinnlos hohe Räume. Schon sitzen wir eingeladen. Er erklärt sich und den Palast. Der stamme aus Warren Hastings Zeit und sei einer der ältesten Paläste in Calcutta, über zweihundert Jahre alt. Ein Brand habe vor dreißig Jahren den linken Flügel und in ihm die Bibliothek zerstört. Leider sei die Familie mittellos, und die Stadt könne, wie andere, auch diesen Palast nicht erhalten.

Den Tee bringt ein Mädchen, das, wie wir hören, elf Jahre alt und von der Schwester achtjährig in die Stadt gebracht worden ist. Später führt uns das Kind (ohne den High-Court-Richter) über eine baufällige Wendeltreppe auf die Dachterrasse. Daud übersetzt: Vierzig Rupien (sechs Mark) betrage der Monatslohn des Mädchens bei freiem Essen. Es könne nicht lesen und schreiben wie die etwas älteren Kinder des Richters: ein Fall tagtäglicher, natürlich gesetzwidriger, doch jenem Richter selbstverständlicher Ausbeutung. Es fällt dem Herrn und dessen Frau, die wir nur flüchtig sehen, nicht ein, mit ihren Kindern das Mädchen unterrichten zu lassen.

Vom Dach weite Aussicht über das Häuser- und Budengewirr, durchs Dickicht der Fernsehantennen (Wäsche dazwischen), bis hin zur Howrah-Brücke, die sich zwischen zwei hochragenden Trägern über den Fluß schwingt und als der Stadt Wahrzeichen gilt. Jetzt, gegen Abend, giftet aus Kaminen, Höfen und Fenstern Rauch zum Himmel. Den Pavillon auf der Dachterrasse krönt ein verstümmelter Engel. Ich zeichne, während sich hinter mir Ute und Daud von dem Mädchen kindliche Wünsche sagen lassen. Mit letztem Licht möchte das Kind ein Foto von sich, ein einziges nur von sich – so, wie die Kinder des Richters viele Fotos besitzen.

Der Fluß nur zu ahnen. Beim Zeichnen – wie filigran sich die Brücke über der mehr und mehr verschatteten Stadt spannt – spare ich im Vordergrund, den die Dachterrasse begrenzt, Platz aus für Kali. Hier könnte sie hocken mit ihrer Sichel. Zu Füßen aufgeschlagene Kokosnüsse. Schnell, weil das ins Bild paßt – und nun auch überall Krähen auffliegen –, zeigt sie die Zunge.

Nachdem Subhas Chandra Boses erste Hoffnung – er wollte mit Hilfe deutscher Armeen über den Kaukasus hinweg (wie einst die arischen Rinderhirten) in Indien einfallen, um den Subkontinent zu befreien – schließlich in Stalingrad begraben wurde; nachdem seine zweite, jeder Distanz spottende Hoffnung – auf dem Rücken japanischer Armeen wollte er von Burma aus, bei gleichzeitigem Aufstand der indischen Massen, das weite Land bis zur Arabischen See hin aufrollen – bereits vor Imphal zu scheitern drohte und nach verlustreichen Rückzügen durch burmesischen Dschungel und dem Zerfall seiner Indischen National-Armee gleichfalls begraben werden mußte; nachdem Deutschland im Mai 1945 bedingungslos kapituliert hatte und nun, nach Hiroshima, auch die japanische Kapitulation fällig war, faßte Subhas Chandra Bose abermals großräumige Hoffnung: von Singapur aus flog er mit der letzten japanischen Maschine in Richtung Mandschurei, um sich den dort eingefallenen Russen – zum Wohle Indiens – als Verbündeter anzubieten. Er war sicher, daß mit Hilfe der Sowjetarmee gelingen würde, was mit deutschem, dann japanischem Beistand nicht möglich gewesen war: der endliche Sieg über die verhaßte britische Herrschaft. Immer schon eilfertig bei kühner Voraussicht, sah er die Zukunft des freien Indien zur Seite der Sowjetmacht.

Nach Zwischenlandungen in Bangkok und Indochina stürzte die japanische Maschine, nachdem sie auf Formosa zum letzten Mal zwischengelandet war, gleich nach dem Start ab. Bose starb an seinen Verletzungen. Sein letztes Wort soll Indien in Kürze Freiheit versprochen haben: eine richtige Prognose, wenn auch die Unabhängigkeit (zwei Jahre später) keine Freiheit nach Netajis Geschmack brachte.

So lebt er fort, ein Heiliger. Als kürzlich das indische Fernsehen landesweit sein abenteuerliches Leben dokumentierte und zu bester Sendezeit Fotos zeigte, die Bose mit einem Glas in der Hand, im Kreis japanischer Generale, als Weintrinker auswiesen, kam es (nicht der Japaner, wohl aber des Weines wegen) zu heftigen Zuschauerprotesten, die leicht zur nationalen Erhebung geführt hätten, wäre dem Fernsehen nicht anschließend ein unterhaltsames Beschwichtigungsprogramm eingefallen.

Daud hat den Riecher dafür. Mit ihm unterwegs, diesmal in Südcalcutta. Eigentlich müßte er deprimiert sein, denn seine Aufenthaltsgenehmigung soll endgültig nicht mehr verlängert werden. Schlimmer: Abschiebung nach Bangladesh ist ihm angedroht. Er sagt das wie nebenbei und hofft oder ist kindlich sicher, daß ich helfen kann; schließlich habe ich seinetwegen Briefe geschrieben.

Diesmal ist es eine der üblichen Palastruinen am South End Park. Hinterm Eisenzaun schirmen gleichmäßig hochragende Kokospalmen die plackig vom Putz entblößte Fassade ab. Aus Wildwuchs heraus die Freitreppe. Säulen, Balkone, Terrassen, Türmchen, schadhafte Dächer, Mauergeröll. Alles in indisch-viktorianisch verkleckertem Stil. Doch Wäsche zwischen Säulen, auf den Terrassen: der Palast ist bewohnt.

Daud sagt sein »Moment please«, hat schon das Tor im Zaun gefunden, führt uns zur Freitreppe und weitere geländerlose Treppen hinauf. Wildwuchs auch in der Halle, die Marmorstufen locker, loses Gebälk, wo das Dach war, fliegen ein und aus Tauben.

Im Obergeschoß sind wir bald umringt. Fünfundvierzig Familien, weit über dreihundert Menschen haben sich eingenistet, bewohnen von den Stallungen bis zu den Turmzimmern die Ruine. Wie in allen Slums ist es auch hier eine Frau, die auf Fragen antwortet. Sie stellt sich als Boß der Gemeinde vor. Ihr Mann wurde 1971 von pakistanischen Soldaten ermordet. Wie viele Hindufamilien floh sie mit ihren zwei Kindern. (Mit Schultasche kommt die Tochter dazu, dann andere Palastbewohner.)

Nun spricht – nein, hält die Mutter eine Rede, die sie schon oft gehalten haben mag. Mehrmals sei ein höherer Polizeioffizier, natürlich ein Moslem, gekommen und habe aufgefordert, den Palast zu räumen. Sie habe sich und alle anderen als politische Flüchtlinge vorgestellt und ihm erklärt, sie werde ihn umbringen, wie man ihren Mann umgebracht habe, falls er noch einmal komme, ohne ihnen anderswo ausreichende Unterkunft und zwar mit Wasser und Licht anzubieten.

Daud übersetzt. Obgleich er Moslem ist, sind das seine Leute aus Bangladesh. (Später sage ich zu ihm: Daud, schreib darüber.) Natürlich hat der Palast eine Vorgeschichte: er gehörte Ram Singh Bedi, einem Sikh also, der Geschäftsmann war und nach dem Ersten Weltkrieg starb. Danach soll ein Mr. Khetri alles in Besitz genommen haben. Nach dessen Tod stand der Palast lange leer, ver fiel zur Halbruine und wurde in näherer Umgebung Gespenster schloß genannt. Erst nach 1971, als Millionen Flüchtlinge die Stadt überschwemmten, besetzen Hindufamilien das noch immer bewohnbare Gemäuer…

Das Ganze ist ja nicht nur bröckelnde Kulisse. Hier leben Familien mit Geschichte. Die illegale Gegenwart ohne Elektrizität, doch mit fließend Wasser. Handwerker in den Stallungen. In einem der Turmzimmer hetzt jemand (ein Poet?) seine altmodische Schreibmaschine. Überall, wo verschnörkelt eingefaßtes Mauerwerk frei ist, kleben in Reihen Kuhfladenbriketts, von Kinder- und Frauenhänden signiert. Noch heile, schon amputierte Kalksteinengel auf Balustraden. Die Auffahrt vor dem Palast erzählt von Gästen, unter ihnen Kolonialoffiziere, neureiche Kaufleute und Fabrikherren, Großgrundbesitzer, die mit Kutschen vorfuhren. Ein Fontane fände sein Personal hier. (Schon sehe ich ihn mit Ute unterm heimischen Birnbaum eine Gesellschaft aufblättern, die – weiß Gott oder Kali! – nicht nur ihre Treibels, sondern auch einen hinreichend geschwätzigen Landadel hat.)

… und plötzlich, während wir die Reise nach Madras, Hyderabad, Poona vorbereiten und (immer noch) auf ein Visum für Burma hoffen, das uns schließlich – »Schriftsteller unerwünscht!« – verweigert wird, plötzlich, nachdem mich gestern Daud in den Bara-Bazar-Bezirk schleppte und ich (plötzlich) Lust hatte, in jenem blasenwerfenden menschlichen Brei, der gegen Mittag immer dickflüssiger einkocht, unterzutauchen, verrührt zu werden, verlorenzugehn, plötzlich schmeckt Rückkehr vor: was uns erwartet zu Haus.

Wie eingefroren heiter sie einander begegnen oder wie künstlich aufgeheizt. Schamlos die Auslagen hinter einbruchsicherem Glas. Was sie sich zum Geschenk machen: Titanic-Witze und Doomsday-Spiele. Woran sie leiden: als Privatpatienten an sich.

Worum es geht: ums Frühstücksfernsehen und (beim Gemüse) um Halbwertszeiten. Ersatzweise tobt der Historikerstreit. Immer mehr langweilt die Zahl sich hinterm Komma vermehrender Arbeitsloser. Schlußverkäufe. Zwölf Monate lang will Berlin (hüben und drüben) behaupten, siebenhundertfünfzig Jahre alt zu sein; wie Calcutta (demnächst) seinen Dreihundertsten in Slums und Palästen abfeiern wird. Empört ist man neuerdings, weil die in Drittweltländern übliche Korruption nun auch in Industriestaaten Schule gemacht hat: Die sollen von uns, nicht wir von denen lernen! Alle Lernziele profitorientiert. Eines der Pflichtfächer heißt Trauerarbeit. (So selbstgerecht wie des Minister Stoltenbergs Scheitel.) Was sonst noch? Aids und das Recht auf Selbstverwirklichung. Leichtbewegliches Frachtgut: Beziehungskisten. Des Dollars Fallsucht. Flick? Das war mal. Dafür Geschmacksfragen auf Schlagzeilenkürze gebracht: Ranicki mag Hölderlin nicht. Boris und Steffi, die liefen in den Wald. Und nun auch die Telefonhäuschen postmodern aufgeputzt. Scheiße sogar liegt in Kloschüsseln gestylt. Man trägt nur noch, man hat, was man hat, man bleibt cool. (Und jede Frisur einen indischen Wochenlohn teuer.)

Wo waren Sie? In Calcutta. Ist es nicht schrecklich dort?

Vorläufiger Abschied von den Müllbergen, von Reis, Fisch, Dal und den übersüßen Kokostörtchen, vom »Calcutta Social Project« und Amitava Rays Schauspielern, von Shuva, der noch immer um »arts acre« bangt, und von Daud, der die Polizei fürchtet und übers Jahresende aufs Land will.

Über Madras und Hyderabad wollen wir, kurz vor Silvester, zu Freunden nach Poona fliegen. Zurück in Lake Town bleiben die Bücher (auch Fontane), das Bügelbrett und meine Zeichnungen.

Lange, zu seiten des Buckels über den Rücken schwingende Kuhhörner, die mehrfarbig bemalt sind, an deren Spitzen Messingglöckchen bimmeln. Noch weißer als anderswo ist hier zu dunkler Haut die Baumwolle weiß. Südindien, Land der Drawiden;

Madras mehr als Calcutta britische Kopfgeburt, nun vom Tamilenstreit und anderen Krisen geschüttelt: man will nicht Hindi, die von Delhi verordnete Sprache, sprechen.

Von Anfang an waren Kühe Motiv. Im Nationalmuseum Bronzen der Chola-Zeit, deren Anmut an griechische Terrakotten erinnert. Auch die Versuchstempel in Memalapuram – jeder aus einem einzigen Stein gehauen ist Muster für alle späteren Tempel – und, deutlicher noch, zwei legendenlang ausladende Bas-Reliefs sind von Kühen bestimmt. Während der ersten Hälfte des siebten Jahrhunderts ließ das Herrschergeschlecht der Palavas diese Formgebung entwickeln; Steinfelder voller riesiger Findlinge und weitläufige Felswände mögen zum Werkstattbetrieb und Experiment eingeladen haben.

Während der Rückfahrt nach Madras besuchen wir ein Fischerdorf, in dem Mönche aus Kerala eine Schule unterhalten. Den Fischern gehören Boote und Netze. Christen und Hindus leben nebeneinander. (Kein Brahmane im Dorf.) Man möchte dem Frieden trauen.

In der Hotelhalle hängt Weihnachtsklimbim. Kaum in Madras angekommen, vermisse ich Calcutta. Bei gutem Essen (und Wein) im Hotelrestaurant empfindet Ute ein wenig Luxus als angenehm. (Für mich ist ein Seidenhemd billig.)

Kunterbunte, für Ungläubige zu Recht nicht zugängliche Tempel. Kolonialpaläste, auf deren Fassaden heimische und hergeholte Baustile miteinander verkuppelt sind. Der offene, dem Meer abgewonnene Hafen. Alle Slums aus dem Stadtbild verdrängt.

Beim Besuch einer Tanz- und Musikschule, die, noch nicht lange her, im Sinne der Tagoregründung Santiniketan reformerisch wirken wollte, begegnen wir indischer Melancholie: alles bröckelt, Schutt, Wildnis zwischen Tanz- und Musikstudios, aus denen Sitarklänge zur Tabla und der Barfüße Klatschgeräusche herüberwehen. Vergänglichkeit nach Stundenplan.

Was ist das, Weihnachten? Wir sind in Hyderabad, einer Moslemenklave. Ob aus Ruinen der Karawansereien oder der Versammlung gehäufter Kuppelgräber moslemischer Herrscher, ob aus makellosen Bögen und streng gezeichneten Fassaden: alles, jedes bildlose Mosaik, jedes filigranvergitterte Fenster, spricht gegen Weihnachten; und noch die grünen Papageien, die in den Kuppelgräbern nisten, spotten der Frohen Botschaft.

Wir wohnen abseits der Stadt, inmitten Hügeln, die von Erosion geprägt sind. Riesige, kahlgewaschene Felsen ragen aus Steinfeldern. Brocken, getürmt, miteinander verkeilt, gespalten. Baumaterial für die Oberschicht, die in Steinwüsten Protzvillen setzt. Zwischen Baustellen und neben Steinbrüchen ducken sich Slumhütten der Bauarbeiter, die Wanderarbeiter sind. Die Härte des Materials verstärkt, versteinert den Gegensatz zwischen arm und reich, oben und unten. Zunge zeigen! Käme doch Kali und schlüge zu.

Vor hundert Jahren soll diese Gegend bewaldet und beliebtes Jagdgebiet prunksüchtiger Nizzams gewesen sein. Später sehen wir auf Fotos anglo-indische Jagdgesellschaften gereiht hinter Beute: Tiger, die gleichfalls gereiht liegen. Eine mit Glasscherben gespickte Mauer umfaßt ein größeres Terrain, das dem in Australien lebenden letzten Nizzam von Hyderabad gehört. Von Dschungel überwachsen, vermittelt dieser Ausschnitt inmitten Steinwüste das Bild früherer Landschaft. Da die Besitzer der Protzvillen überall Tiefbrunnen bohren lassen, sinkt der Grundwasserspiegel; einzig Zerstörung nimmt zu.

Am Weihnachtsmorgen laufen wir Hänge hoch, die noch unbebaut sind. Ich zeichne, Ute liest, gegen einen Felsen gelehnt. Stille. Nur das gleichmäßige Picken unsichtbarer Steinmetze – ein Geräusch, das mich an Lehrjahre erinnert: Muschelkalk, Diabas, Schlesischer Marmor, Tuffstein, Basalt…

Wir laufen durch die Altstadt, seitlich dem viertürmigen Charminar. Gerüche, hochbeinige Ziegen, die rotgestrichenen Hörner der Wasserbüffel, schwarzverhängte Moslemfrauen, ihre überm Tuchrand uns folgenden Blicke: Neugierde, die, weil alles andere verhüllt bleibt, besonders nackt zutage tritt.

Auf dem Land besuchen wir ein Weberdorf, angeblich eine Kooperative. Doch zeigt sich, daß auch hier fünf Dörfer (sechshundert Webstühle) von einer Familie beherrscht werden. Die Weber bekommen das Material geliefert und werden nach Stücklohn bezahlt. Ringsum karstige Landschaft. Viele Berge gleichen nachlässig aufgeschütteten Steinhaufen. Dann eine Strecke lang Palmen, aus denen Palmwein gewonnen wird. Tonflaschen hängen in Wipfeln und füllen sich mit dem steigenden Saft der Stämme. Am Straßenrand ein Verkaufsstand. Der Wein riecht vergoren fuselig, schmeckt aber mild.

Während der Rückfahrt über die acht Kilometer lange und seit sechs Jahren bestehende Umgehungsstraße – ein deutsch-indisches Entwicklungsprojekt, das nur noch aus Schlaglöchern besteht – sehen wir seitlich eine Wagenburg aus Ochsenkarren, beladen mit Heu. Wir halten an. Nomaden, schon für die Nacht in schwarze und dunkelbraune Decken gehüllt, hocken in der geschlossenen Ordnung ihrer Karren in Gruppen um Feuer, umgeben von liegenden Ochsen, und erheben sich, um uns zu begrüßen; sie kommen aus einem anderen Jahrhundert.

Tags drauf der Nizzam-Palast voller kostbarer Geschmacklosigkeiten. Treppaufwärts zieht sich die Ahnengalerie der Kolonialherrschaft: Bildnisse britischer Generalgouverneure und Vizekönige von Warren Hastings bis Lord Wawel. Böhmische Kronleuchter. Der Eßtisch für achtzig Personen, des Nizzams Stuhl leicht erhöht. Von der hochgelegenen Terrasse überm Südrand der Altstadt sehen wir, über die Stadt hinweg, das Umland, Steinwüste. Im Dunst wie Schattenrisse: gekuppelte Fürstengräber, die hochragende Burg Golconda. Auch von der hinteren Terrasse, die an den »Frauenflügel« anschließt, sehen wir in Richtung Süden Steinwüsten, die im Umfeld der Stadt zersiedelt sind.

In Hyderabad gibt es vierhundertdreißig Slums, in denen rund eine Million Menschen leben; die unregistrierten Familienslums nicht mitgezählt. Obgleich sie kleinräumiger und von breiteren Wegen (über Kanalisation) durchzogen sind als die Slums in Calcutta, gleichen sich die Elendslegenden. In drei Räumen fünfundzwanzig Personen.

Nur zwei Kinder einer Großfamilie gehen zur Schule. Hindus und Moslems, wird uns versichert, leben hier friedlich miteinander, solange sie Politiker nicht gegeneinander hetzen. In einem Slum eine einräumige Schule, in der achtzig Kinder in zwei Schichten unterrichtet werden; die Kinder kommen unregelmäßig, weil sie als Arbeitskräfte in Tageslohn sind. Die staatlich angestellte Lehrerin verdient 370 Rupien im Monat. Am Morgen gibt es Schulspeisung.

Von Hyderabad fliegen wir pünktlich ab. In Bombay zeigt sich nach zweistündigem Warten, daß die Maschine nach Poona gestrichen ist. Mit dem Taxi an einem schier endlosen Slum vorbei, der der größte Asiens sein soll, in die Stadt hinein zu den Ticket-Schaltern für Überland-Taxis. Mit fünf Personen plus Fahrer sind wir auf der hundertdreißig Kilometer langen Strecke über vier Stunden unterwegs. Ute und ich sitzen vorn und sind, trotz der aggressiven Fahrweise, froh, daß wir nicht geflogen sind.

Die anfangs flache, dann ansteigende, schließlich kurvenreich einen Paß überwindende Straße zieht sich durch trockenes Land. Baumlose Bergformationen, weithin verkarstet. Jede Stadt, an der wir vorbeikommen, jede Fabrikanlage, alle Steinbrüche und größeren Straßenbaustellen sind von kleinen bis mittelgroßen Slums gesäumt. In einigen Ortschaften ist das Zentrum verslumt. Und neben allen Neubausiedlungen – zweistöckige Flachdachbetonkästen – erstrecken sich, wie dazugehörend, zwei- bis dreizeilige Slums.

Bis nach Poona hin ist die relativ gute Straße von Banyanbäumen flankiert, die, aus Fahrersicht, um den unteren Stamm weißrotweiß gemalte Bauchbinden zeigen. Auch Poona ist von Slums durchsetzt, in denen 35 bis 40 Prozent der 1,3 Millionen Einwohner leben. Poona gilt als teuer. Mag sein, daß jene Kolonie europäischer Seelen, die ihren Verstand bei einem hier (neuerdings wieder) ansässigen Guru deponiert haben, die Preise hochtreibt. Zudem ist das Klima erträglich.

Mit Hilfe einer Autorikscha finden wir Adi Patels Haus. Er bewohnt eine ehemalige englische Offiziersmesse inmitten einer Militärsiedlung, die von Familien höherer indischer Dienstgrade belegt ist; diese Schlüsselübergabe, von Armee zu Armee, klappte.

Ein scheunengroßer Hauptraum, flankiert von kleinen Zimmern. Mehrere Hunde, ein achtjähriger Junge, ein fünfzehnjähriges spastisches Mädchen, der alte Diener, Adis Frau, die Dagmar heißt und aus dem Sauerland stammt. Er ist Parse, ein Zweizentnermann, der beim Gehen mit den Armen rudert und (immer gut gelaunt) alle indischen Projekte der Hilfsorganisation »terre des hommes« betreut. Hier soll, wie üblich mit Vorsätzen, das Neue Jahr beginnen; erste Lektion: Zunge zeigen …

Dann zwei Tage in Patels Ford unterwegs: Adi, Dagmar, der Sohn, Ute und ich. In Richtung Süden, bis zur Grenze von Karnataka, hat Adi zweihundertachtzig Kilometer errechnet. Durch Maharashtra fahren wir auf der (bisher) besten Straße Indiens, wie auf der Straße von Bombay nach Poona unter Banyanbäumen; gleich hinter Poona überwinden wir einen halbhohen, dann einen steilen Paß. Von Verkarstung bedroht, breiten sich zuerst Hirse-, dann Zuckerrohrfelder. Auf halber Strecke abermals Pässe, danach flaches Hochland. Alle Berge baumlos, zerklüftet, die Schichtungen im Profil ablesbar.

Während der Fahrt zeichne ich, was entgegenkommt: Ochsenkarren in frontaler Ansicht. Bis in den Abend hinein sind die Trampelpfade beiderseits der Straße in jeder Richtung belebt. Frauen, Männer, auch Kinder unter Kopflasten. Neben Kiesgruben, Steinbrüchen und Zuckerrohrkochereien ducken sich slumähnliche Ansiedlungen von Nomaden und Saisonarbeitern. Kein Blickfeld ohne Menschen.

Hier, so geschunden und ausgemergelt das Land ist, wirkt Indien stark, und selbst die Dörfer hält Überlebenswille zusammen. Doch sobald wir durch größere Ansiedlungen fahren, zerfällt, was aufgebaut wird, sogleich; halb ausgeführt, haben alle Pläne Chaos zur Folge.

Über Land: annähernd dreihundert Kilometer weit kein Wald, keine Anpflanzung, doch überall Holzsucher, Kinder und alte Frauen, beladen mit wenigen Knüppeln nach tagelanger Suche. Diesen lautlosen Vorgang barfüßig beschleunigter Zerstörung aus

Notwendigkeit zählen (hochgerechnet) Computer aus; sie wissen, in wie vielen (wenigen) Jahren Indien in weiten Bereichen Wüste sein wird.

Überall Rückblicke in entlegene Jahrhunderte. In einer Zuckerrohrkocherei: Berge von Rohrstroh für die Beheizung beider Feuer, die unter flachen Pfannen rund um die Uhr brennen. Geschätzter Durchmesser der Pfannen: dreieinhalb Meter. Aus einer Pfanne, die wie alle mit armdicken Bambusrohren gehoben, dann sachte, bis zum Abfluß gekippt wird, gewinnen die Kocher täglich sechs Bottiche mit fünfzig Liter eingekochtem Zuckerrohrsirup. Gestürzt stehen honiggelbe, wie Wachskegel anmutende Kuchen gestapelt. Aus jeder Pfanne wird zuallererst Sud für einen tellergroßen Fladen geschöpft und den Göttern geweiht. Acht Fladen liegen als Opfergabe in einem hölzernen Trog: die bisherige Tagesration.

Gleich neben der Kochstelle und dem von einer gleichfalls bejahrten Dampfmaschine betriebenen Rohrschneider stehen die niedrigen Hütten der Saisonarbeiterfamilien, errichtet aus Zuckerrohr, gedeckt mit Zuckerrohrblättern.

Bald hinter Kolhapur (noch im Bundesstaat Maharashtra) hören die Zuckerrohrfelder auf; bis nach Nipani (schon in Karnataka) bestimmen Tabakfelder den Anbau. In einer der vielen unübersichtlichen Kleinstädte sind mehrere Tabakfabriken in Betrieb: hier wird die grobgebrochene Ernte, wie sie von den Feldern über Großeinkäufer kommt, in mehrstufigem Verfahren zerkleinert, bis der so gewonnene Tabak für das Rollen von Beedi-Zigaretten und der gesammelte Staub für Schnupftabak geeignet ist.

Adi Patel will uns in ein Projekt einführen, das von »terre des hommes« unterstützt wird. Ein Lehrer und ein Arzt haben Tabakarbeiterinnen organisiert. Viertausend arbeiten in Karnataka, über vierzigtausend sollen es im Bundesstaat Gujarat sein.

Kaum angekommen, besichtigen wir eine kleine Fabrik und wollen nicht begreifen, daß wir auf keine Ausnahme stoßen, sondern tägliche Arbeitsbedingungen vorfinden. Durch das mit Kolonialmöbeln ausstaffierte Büro in den Innenhof der Fabrik: das geschlossene, längliche Viereck hält eine gelbe, durch nichts bewegte Staubwolke, in der ein Dutzend Arbeiterinnen Tabakhaufen umschichten, sieben, abermals umschichten, sieben und so weiter. Im Fabrikraum sind zwei brennende Glühbirnen grad noch zu ahnen. Dreißig Arbeiterinnen zwischen Zerkleinerungsmaschinen, Schüttelkästen und neben Ventilatoren, die aber nicht frische Luft bringen, sondern aus flachen Körben geschütteten Tabak vom Staub befreien.

Der intensive süßliche Beedigeruch. Die bunten Saris der Frauen, ihre Arme, Hände, Füße, Gesichter gelbbraun gepudert. Wir ringen nach Luft. Freundlich überlegen lachen die Frauen über Utes Hustenanfall. Die Vorarbeiterin versichert, man gewöhne sich rasch. Anfängerinnen werde geraten, bei der Arbeit Tabak zu kauen. Und das neun Stunden am Tag. Vor wenigen Jahren, als es noch keine Gewerkschaft gab, waren vierzehn bis sechzehn Stunden die Regel. Staubmehl auf Brauen und Wimpern. Die Gesichter der Frauen wirken über der Arbeit erloschen. Nur wenn sie von Adi oder Dhruv, dem Arzt, angesprochen werden, lachen sie. Langsam erkennen wir unterm Staub Armreifen, Fußringe.

Später findet im Haus des Lehrers ein Treffen der Arbeiterinnen aus anderen Fabriken statt. Es geht um Gewerkschaftsfragen. Einige Arbeiterinnen haben keine oder nur unregelmäßig Beiträge gezahlt. Etwa sechzig Frauen, noch staubig, hocken auf Fersen, müde und konzentriert zugleich.

Beedigeruch liegt überm Halbkreis der Versammlung. Einige Frauen, deren Alter wir auf siebzig Jahre schätzen, sind erst Mitte fünfzig und doch schon seit über dreißig Jahren in Tabakfabriken in Lohn. Der monotone Bericht zweier Gewerkschaftsfunktionäre. Wir sind um hundert und mehr Jahre zurückversetzt, obgleich der eine Funktionär seine Unterlagen aus einem Koffer holt, der jenen Diplomatenkoffern gleicht, die international in Gebrauch sind.

Die Gewerkschaft gibt Karten aus, auf denen die Arbeitstage registriert und abgestempelt werden: als Kündigungsschutz. Die Sprecherin der Frauen hockt in der Mitte des Halbkreises, eine kräftige Matrone, deren Fragen und Antworten von Gesten betont werden. Zur Zeit gebe es keine Klagen im Betrieb. Mit elf Rupien pro Tag seien die Arbeiterinnen zufrieden, obgleich ihnen vierundzwanzig Rupien zustünden. Es heiße, soviel werde nach Tarif im Bundesstaat Kerala gezahlt. Jetzt gehe es darum, die Arbeit der Tabakarbeiterinnen als Ganzjahresproduktion anzuerkennen, schließlich seien das ganze Jahr über Materialvorräte im Lager.

Die Fabrikherren bestehen auf Saisonbetrieb. Er erlaubt, nach Kündigung der alten Belegschaft, die Anstellung junger, unverbrauchter Arbeiterinnen. Die Gewerkschaftskarten belegen zweihundertsechzig Produktionstage im Jahresdurchschnitt. Diese Zahl spricht gegen Saisonbetrieb. Da aber die Fabrikherren vor lokalen Gerichten in starker Position sind, will die Gewerkschaft nun das Oberste Gericht in New Delhi anrufen.

Ich werde aufgefordert, zu den Frauen zu sprechen, und erzähle von den Anfängen der Gewerkschaftsbewegung in Europa, von den Druckern und von den Zigarrenwicklern in Hamburg-Altona: Es war einmal...

Nach dem Essen sehen wir im Versammlungsraum Lichtbilder, die die Verehrung einer Göttin zum Motiv haben, der alle Tempel-Prostituierten geweiht sind. Viele Tabakarbeiterinnen waren früher Prostituierte und sind durch Gewerkschaftsinitiative in die Tabakindustrie gekommen: eine fragwürdige Verbesserung, denn viele bleiben ihren Zuhältern, den Tempel-Brahmanen, verpflichtet, weil sie so, als »der Göttin Geweihte«, gesellschaftliche Anerkennung finden, im Gegensatz zu Tabakarbeiterinnen, die im Kastensystem noch niedriger stehen als Beedi-Wicklerinnen. Erst gewerkschaftliche Organisation hat das Selbstbewußtsein der Frauen gehoben, auch dem Fabrikherrn gegenüber. Früher, sagt eine der Frauen, hätten sie in seiner Anwesenheit ihr Gesicht verhüllt, doch heute... Mit wegwerfender Geste deutet sie mögliche Zukunft an.

Am nächsten Morgen besuchen wir einen Konsumladen, in dem die Arbeiterinnen ihre staatlich subventionierten Rationen Reis, Weizen, Linsen, Kerosin usw. reell einkaufen können und (ohne üblichen Wucherzins) Kredit bekommen. In einem ehemaligen (fensterlosen) Stall werden die Kleinkinder der Arbeiterinnen von zwei älteren

Frauen gehütet. Wie die Herde im Pferch, dicht bei dicht hocken Kinder auf Bastmatten.

Im Verwaltungsgebäude einer anderen Tabakfabrik lümmeln junge Männer in Korbsesseln und glotzen in Richtung Mattscheibe: das Management. Wenige Schritte über den Hof, dann durch ein Doppeltor, und wir stehen im Staub. Dürre alte Männer, die schwere Säcke Rohmaterial schleppen. Etwa achtzig Arbeiterinnen sind hier saisonbeschäftigt. Wir erkennen im gelbbraunen Dunst Teilnehmerinnen der Gewerkschaftssitzung und werden lachend begrüßt. Immer wieder der Hinweis, daß nicht mehr wie vor wenigen Jahren vierzehn, sondern nur noch neun Stunden die tägliche Fron dauert. Adi Patels gurgelnd rollendes Deutsch: Fortschritt, nicht wahr?

Im Verwaltungsbau wieder das fernsehglotzende Management. Nirgendwo, auch nicht auf Großbaustellen, wo Frauen steinschwere Kopflasten schleppen, sah ich den Gegensatz zwischen ausgemergelter Unterschicht und faulem Mittelstand deutlicher; wiederum rufe ich Ursache, Wirkung auf und lasse zu Füßen der Deutschen Bank indische, brasilianische, aller Welt Slumhütten Wurzeln schlagen.

Vor der Rückfahrt sahen wir im Sitzungsraum der Gewerkschaft Lichtbilder zum Thema Tabakanbau und -verarbeitung. Doch Fotos sagen nichts. Im Raum steht noch immer der Staubgeruch der Arbeiterinnen von gestern...

Zurück durch den Karst. Was ist Indien? Ein Anlaß für Bildbände, farbig, schwarzweiß? Des Empires Nachlaß: die Großmacht auf Krücken? Oder die letzte Zuflucht bankrotter Vernunft? Was sollte sie hier sanieren?

Alle Statistiken, selbst die frisierten, reihen Verelendung, Landflucht, Verslumung der Städte zu uniformen Kolonnen. Wer wen wo abschlachtet, zählen täglich tausend und mehr Zeitungen auf: Reichtum der Sprachen. Und weitere Zuwächse: dem Schwund der Wälder entspricht das Wachstum der Wüsten. Und Zuwachsraten, hinterm Komma nur ungenau: um etwa siebzehn Millionen – so viele Bewohner zählt, trotz aller Abgänge, die DDR – nimmt Indien jährlich an Menschen zu. Im Jahr 2000, das alle Welt zu feiern beschlossen hat, werden sich achthundert Millionen Inder zu einer Milliarde ausgewachsen haben. Wörter wie Chaos und Katastrophe sind allen Kommentaren geläufig; die Frage jedoch, ob eine Revolution Abhilfe schaffen könne, wird nicht Marx oder Mao beantworten, allenfalls Kali mit ihrer Sichel.

Was uns entgegenkommt: über dem zentralen Slum einer Kleinstadt (kurz vor Poona) wirbt auf großer Fläche der Rotary Club.

Männliche Inder zwischen Dörfern zu Fuß: wie sie die Arme auf dem Rücken verschränken, indem sie mit rechter Hand den linken Ellbogen umfassen.

Bei gleichbleibend guter Laune beantwortet Adi Patel meine Fragen mit trostlosen Tatsachen. Ein Fleischberg, immer auf Reisen, den nichts entmutigen kann. Später – schon auf dem Weg zum Flughafen Bombay – führt er uns in eine notdürftige Ansiedlung, in der »tribals« hausen, Indiens restliche Ureinwohner (fünfzig Millionen), die man aus den umliegenden Dörfern vertrieben hat. Auf ihren ehemaligen Äckern arbeiten sie für Hungerlohn: Leibeigene, die unter dem Druck der Kastenordnung (und jener rechtsradikalen Hindupartei, die Shiv Sana heißt) ihr Land gegen wenig Geld abgeben mußten. Nirgendwo finden sie Rechtsschutz, weil Polizisten wie Richter korrumpiert sind und selbst den wenigen engagierten Anwälten aus Bombay diese Region (achtzig Kilometer entfernt) zu entlegen ist. – Wir freuen uns auf Calcutta …

… zwischen Bambusstangen Wäsche gespannt. Flachdächer überragend, lagert auf Slumhütten Bambus, Vorräte für Zeltbauten, Hochhäuser, Tribünen: Bambusgerüste. (In Baruipur überragte der Bambushain den weitausladenden Mangobaum.) Bambus für alles.

Kaum zurück von unserer Reise bin ich, wie versprochen, dabei: »arts acre« wird eingeweiht. Shuva sieht glücklich aus. Sein immer staunendes, von Bart und Haupthaar gerahmtes Kindergesicht. Kein Wort mehr über Intrigen, Verletzungen, Gefängnishaft.

Er führt uns mit ersten Besuchern durch den Ausstellungspavillon, in dem meine Radierungen hängen. Auf bronzener, im Mauerwerk eingelassener Tafel steht das Einweihungsdatum neben meinem Namen graviert. Im ersten fertigen Atelier wird Tee in Pappbechern angeboten. Am Abend lesen mehr als ein Dutzend bengalische Dichter Gedichte.

Während der Lesung notiere ich auf Skizzenpapier: Täglich Reis, Linsenbrei (Dal) und einen Mundvoll kalorienarmer Gedichte... Aus benachbarten Dörfern stehen Gestalten fremd, in Tücher und Decken gehüllt, am Rand. Neunzehn einzelne Dichter lesen sich vor. Es hört sich wie Regen an: Tagore, Tagore. So viele Wirklichkeiten verwässert. Vom Airport Dum Dum startet die letzte Maschine nach Dakka.

Tagsüber geht die Probenarbeit weiter. Ich versuche, den Hang der Schauspieler zur melodramatischen Geste zu mildern, indem ich vorspielend nachweise, daß zum Trauerspiel der Plebejer auch komische Szenen gehören. Bei (im Vergleich zu europäischen Schauspielern) beschränktem mimischen Vokabular gerät jede Bewegung zum Ausdruck: erregte Gänge, Drohgebärden. Wir proben in einer geräumigen Wellblechbude, die Ende der sechziger, Anfang der siebziger Jahre, in Zeiten des bengalischen Polit-Theaters (und der Naxalitenaufstände) viel Zulauf hatte. Etliche Katzen toben auf dem Blechdach, was mehr mich als die Schauspieler irritiert.

Zwischendurch bin ich bei der Fremdenpolizei unseren seit Dhaka verschollenen Papieren hinterdrein; morgen sollen sie endlich greifbar werden.

Unterwegs Augenblicke: Teerfässer leer. Was die Straße frißt, ohne satt, halbwegs satt zu werden.

Hütten vor Palästen, Slums vor der Tür. Schon ist der Slum unterwegs, den Palast zu besetzen: mit hartem Besen. Wo bleibt der Mittelstand?

Vor Hammer und Sichel gerückt: sie hocken vor ihrem verrutschten Symbol auf bröckelnder Mauer.

Er lächelte mit freundlichem Unverstand, als ich ihm riet, nach geglückter Einweihung (und vor neuem Ärger) den Vorsitz bei »arts acre« abzugeben. Nachdem wir in der College Row bei Shuva (Reis, Dal, Fisch) gegessen haben, kaufen wir in diesem noch spät belebten Stadtteil einen zusätzlichen Koffer.

Überall Bilder, die einander nicht löschen dürfen. Wie der Junge mit Stirnbinde zuerst den Müll, dann mehrere Ascheimer, kaum aus dem Haus, auf der Straße ausleert. Seine zusammengewachsenen Brauen. Entfernt eine Krähe im Anflug. Oder der alte Sikh-Taxifahrer: ein Schriftgelehrter. Oder der Mann mit dem endlosen Shawl um den Kopf, die Schultern, den Leib.

Jetzt hierbleiben. Geborstenes Pflaster porträtieren. Dicht herangehen an Slumhütten, Materialien notieren. Wie Fremdes vertraut wird und fremd bleibt. Das Kunstgeschwätz vergessen. Mit breitem Pinsel, mit dünn auszeichnender Feder, mit bröckelnder Kohle Verfall verdichten. Unsere verrückte schwarze Mutter, wie sie gibt und nimmt. Ein Pulk Hocker – ein Pulk Krähen. Geköpfte, aufgehackte, gehäufte Kokosnüsse. Noch einmal von vorn beginnen: den Müll umschichten. Filigrane Bambusgerüste um Großbauten hochziehen. Das gehäufte Knüppelholz. Kopflasten leichthin, als schwebten sie. An Mauern trocknende Fladen auszählen. Oder einen Tag lang einer einzelnen Kuh hinterdrein: wie sie den Müll abweidet, wie sie Insel ist im Verkehr, wie sie im Schatten liegt, flüchtig von Krähen besetzt, wie sie – schon spät – den Schlaf der Pavementdweller bewacht... Aber die Koffer sind alle gepackt.

Gestern erlebten wir zum sechsten Mal Vollmond über Bengalen. So lange wollte Ute aushalten; und sie hielt aus, lief mit, war dabei, auch während der letzten Tage, im Staub der Trockenzeit, mit triefenden Augen. (Wo hätten wir einander näher sein können als eingedost in Vorortzügen, im Nachmittagsstau, zwischen mühsam qualmenden Scheiterhaufen oder erschöpft unterm Moskitonetz.)

Heute früh zum Generalkonsulat. Das Gespräch mit dem gutwillig dröhnenden Konsul. Dauds Sache stehe nicht schlecht. Einen Brief an das Auswärtige Amt möge ich schreiben. Nur Genscher könne in diesem Fall helfen ... (Aber Daud, wie willst du in unserer Kälte leben? Das Klima dort, ich meine nicht nur das Wetter! Was soll dir nach Fisch, Dal und Reis schmecken? Und deine Sprache, wird sie dir folgen?)

Danach in eigener Sache zur Fremdenpolizei, Andul Road. Ostberliner Behördenton: Unsere Papiere seien noch nicht zurück. Keine Ausreise ohne Papiere. Nur noch der Ventilator. Unterm Luftschwall beschweren bunte Glaskugeln flattersüchtige Aktenstöße. (Nicht alles, was Daud dem zuständigen Beamten lächelnd und dringlich leise auf Bangla rät, will er für uns übersetzen.) Wieder nachfragen, übermorgen.

Aus eingefleischter Erfahrung schlägt Daud vor, im oberen Stockwerk zu suchen. Dort finden sich, wie zufällig, unsere Papiere; der Behördenton mäßigt sich.

... und endlich, zwischen Theaterproben und letzten Besuchen, fahren wir durch Nordcalcutta zum Kar Medical College, einem Krankenhaus inmitten ausgedehnter Slumgebiete. Die Vorderfassaden der Hauptgebäude wurden vor wenigen Tagen ockerfarben gestrichen, weil der Besuch des Ministerpräsidenten angesagt war. Doch Radjiv Gandhi nahm, geführt von einem Gewerkschaftsfunktionär, andere Wege und zeigte sich, weil der Wahlkampf begonnen hat, empört zum Mitschreiben, weshalb seine Empörung tags drauf in allen Zeitungen stand.

Und derselbe Gewerkschaftsfunktionär, den Daud rasch ausfindig machte, führt uns nun durch die Frauenklinik. Zu rasch vorbei an Müttern und Neugeborenen, die dicht bei dicht in enggestellten Betten, zwischen Bettreihen, auf Fußböden zwischen Unrat liegen, nur notdürftig von zu wenigen Krankenschwestern versorgt. Durch schmutzstarrende Räume dann, in denen medizinische Apparate außer Betrieb verrotten. Schließlich in die Notaufnahme, wo wir uns, laut Anordnung, die Schuhe ausziehen müssen und barfuß im Dreck stehen. Schnell an Haufen blutgetränkter Verbände vorbei, in die geschwärzte, offenbar eine Unterwelt bekochende Großküche. Alles und besonders die Kehrseite soll uns gezeigt werden: durch Hinterhöfe – überall Müll, verstopfte Abflüsse, stehende Jauche – in den Vorhof der Universitätsklinik, der größten, wie gesagt wird.

Vor dem Lehrgebäude hausen in Lumpenzelten Unberührbare, die in den Leichenhallen arbeiten. Dort ist seit Tagen die Kühlanlage außer Betrieb. Wie nebenberuflich gehören die Unberührbaren zu den eifrigsten Blutspendern, desgleichen eine sich überall wichtig machende Gruppe junger Männer, die diesen Verdienstbereich mit Gewinn kontrolliert.

Im Lehrgebäude Einsturzgefahr. Von einem zwei Monate alten Unfall zeugt noch immer ein großes Loch in der Decke. Wir bestaunen das Loch, den hinterbliebenen Schutt. Der Gewerkschaftsfunktionär verweist auf Mißstände, als seien sie Sehenswürdigkeiten.

In diesem Staatskrankenhaus studieren 750 Studenten. Es gibt 1 087 Betten, doch werden in der Regel mehr als 2 000 Patienten gezählt. Das alles ist als Dauerzustand bekannt, gleich, ob Kongreß oder Kommunisten regieren. (Dabei hat man, sagt uns ein Assistenzarzt beim Abschiedstee, vor wenigen Tagen groß aufgeräumt, der Staatsvisite wegen.)

Danach besuchen wir den englischen Friedhof nahe Park Street, als könnten wir uns dort erholen. Unter alten Bäumen zerfallende Grabsteine. Viele fette Krähen: wie sie die Köpfe allwissend schräg halten. Puritanische Grabsteininschriften; man möchte sich festlesen. Nur wenige wurden hier alt. Einige Gräber sind gepflegt. (Um Abschied zu nehmen, ist noch einmal der alte Fontane dabei. Mete, komm! Mit dem Rufnamen seiner Tochter ruft er Ute an. Zu allen in Stein gehauenen schottischen Namen – seinerzeit wurde Calcutta Schottlands Friedhof genannt – weiß er Legenden und blutrünstige Anekdoten. Wir hören ihm gerne und doch mit Ungeduld zu ...)

Am Abend sehen wir im Akademie-Theater die erste Aufführung der »Plebejer«. Nicht einmal merkwürdig ist, daß jene deutschen Journalisten, die sonst mit Eifer und täglich meinen Stuhlgang befragen möchten, kein Interesse an der bengalischen Aufführung des »Deutschen Trauerspiels« zeigen. (Der »Spiegel«, den die Verweigerung eines Gesprächs wie Majestätsbeleidigung erzürnt haben mochte, schickte uns, als wir noch in Baruipur wohnten, einen Spitzel auf den Hals. Der leistete journalistischen Ersatzdienst und schrieb in überlieferter Machart unsere privaten Abfälle zusammen.)

Nach der Aufführung essen wir mit einigen Schauspielern in Amitava Rays Haus zu Abend. Ich bin ihm dankbar, weil er meine Distanz zum Theater verkürzt und während Momenten aufgehoben hat. (Für ihn und seine Schauspieler vielleicht doch ein Stück schreiben, das in einem der dreitausend Slums spielt und von Netajis weltweiten Abenteuern handelt. Ort könnte jener Slum sein, der um seine Denkmalbüste kreisrunden Abstand hält. Im ersten Akt wird von Hütte zu Hütte für Kali Pujah gesammelt ...)

Gestern die zweite Aufführung der »Plebejer« im überfüllten Blechschuppen auf zu enger Bühne. Das Tempo der beiden letzten Akte gesteigert. Die Friseuse härter. Das Pingpong-Spiel mit dem Parteidichter nahezu gelungen; er müßte noch gehetzter zum Spielball werden. Massig gibt Ray dem Chef (und Coriolan zugleich) wechselnd starren wie leichtfüßigen Ausdruck. Die Hängeszene gehemmt durch bühnentechnische Mängel. Wieder die Katzen, nach eigener Dramaturgie, auf dem Blechdach.

Heute (endlich) in Writers Building, einem Bau aus britischer Zeit, in dem die jungen Gangster der East Indian Company ihr schnelles Geld machten, Yuppies von dazumal. Gegenwärtig sind rund sechstausend Männer und Frauen – unkündbar – in mehreren Stockwerken einzig mit sich beschäftigt. In Großraumbüros sitzen und schwatzen sie. Sie trinken Tee, lesen Zeitung, dösen. Einige bewegen, als träumten sie, Akten, andere schlafen ungeniert. Viele Plätze unter den Ventilatoren sind leer, doch nicht frei. Ein gutes Viertel der hier Angestellten betreibt außerhalb, auf Märkten als Zwischenhändler oder in anderen Kontoren, Nebengeschäfte. Der nichtsnutze Mittelstand in konzentrierter Versammlung. Entsprechend viel Dreck in Korridoren, offenen Treppenaufgängen, im Innenhof. Etliche Lichtschächte und (weil baufällig) gesperrte Aufgänge voller Müll. Kniehoch Abfälle in Ecken gekehrt. Auf den Gängen Tee- und Garküchen. Dazwischen in üblicher Hocke Bittsteller, die seit Wochen, Monaten, Jahren so warten mögen. Im Unterschied zu Kühen: die ungehörnte Geduld.

Wir werden dem Minister für Kultur vorgestellt. Verlegenes Gerede. Über ihm an der Wand (treulich nebeneinander) Tagore und Lenin. Schnell (ohne Tee) gehen wir. Wie Premchand einst aus naher Anschauung seine bitteren Dorfgeschichten schrieb, müßten Geschichten hier aus Aktenablagen gefiltert werden ...

Weitere Flure, Stockwerke. In allen Büroräumen schrankhohe Stapel verstaubter Papierbündel, von keinem Interesse, einzig vom Luftzug der Ventilatoren bewegt. Hier, wo nichts entschieden, alles verschleppt, alltäglicher Korruption unterworfen oder zwischen Ablagen als Ablage gestapelt wird, laufen die Fäden zusammen; hier sitzt, wie zuvor die Kongreß-, seit Jahren die Left-Front-Regierung, beherrscht von der CPI(M), der immer noch Hoffnung als Vorschuß gezahlt wird.

Die Gehälter der Angestellten liegen zwischen achthundert und zweitausend Rupien im Monat; in Slumschulen, vergleichbar jenen, die vom »Calcutta Social Project« betrieben werden, verdient ein Lehrer durchschnittlich vierhundert Rupien. (Daud behauptet, es entstünden in den Großraumbüros täglich nebenberuflich einige Dutzend Gedichte. Writers Building, einst Schaltstelle britischer Kolonialpraxis und deshalb nüchtern auf Ausbeutung gedrillt, hat sich zur Produktionsstätte bengalischer Lyrik entwickelt.) Lachend verlassen wir den Schmarotzerpalast.

Nahbei die Börse. Übereinander in blau- und grünbemalten Holzverschlägen hocken dicke und dürre Makler. Es mögen zwölf Ställe sein, in denen sie wie aus Guckkästen simultan agieren: alle in weiße Baumwolle platzvoll oder flattrig gekleidet. Gleichzeitig bedienen sie mehrere Telefone. Sie rufen Angebote aus, gestikulieren, nehmen an, geben ab, was auf vorgelagerter Straße dicht gedrängt stehende Börsenkunden durch Fingersprache anbieten oder kaufen. Im Hintergrund dröhnt Gegenverkehr. Nichts könnte die Makler ablenken. Keine andere Rolle ist ihnen geschrieben. Und doch führen sie täglich ein neues Theaterstück auf, in dem (zur Zeit) der Dollar fällt, Schweizer Franken und Deutsche Mark steigen, die Rupie tiefer und tiefer absackt; auch ging es dem englischen Pfund mal besser...

Danach durch Gassen, lichtlose Passagen in Hinterhöfe wie ohne Ausgang. Und überall quillt Leben mit Müll vermengt. Jeder lädt auf oder ab, schleppt, schiebt Lasten, stellt her, legt aus, bietet an; doch wo sind die Käufer?

Mittags, nach der dritten Vorstellung der »Plebejer« im The Academy of Fine Arts Theatre nehmen wir Abschied von allen Schauspielern. Während der Rückfahrt wirbt die uns vertraute Strecke um letzte Aufmerksamkeit: zwischen Häuserblöcken ein Müllgeviert, von suchenden Kindern befallen. Über die Eisenbahnbrücke: links rechts rainen Slums an, heute in sonntäglicher Stimmung. Wäsche über den Hütten, öffentliches Zähneputzen, Geplauder der Hocker auf Rohrleitungen, die über die Brücke führen. Auf Kleinstflächen ausgebreitet trocknende Kokosfasern. Dann Geruch bis Gestank, das unvergeßliche Dreieck: links, im eingemauerten Chinesenviertel, Lederfabriken, rechts »Calcutta Boating Resort«, ein Erholungszentrum mit Tretbooten auf dem Teich und einladender Holzterrasse, darauf bunte Sonnenschirme, Wimpel, Werbung für Campa Cola. Und an denselben Teich grenzend: zwölf Feuerstellen der Großwäscherei, darauf Kübel, in denen Lumpen ausgekocht werden, jeder Stoffetzen, den der Müll freigibt. Und gleich hinterm Teich beginnt Dhapa: anfangs flache, weil eingeebnete, dann frisch aufgeschüttete Müllberge, hier gerundet, dort schroff abfallend, von Schluchten gekerbt, Geier, Krähen darüber, und Menschen im Müll, die keinen Sonntag kennen. Anders die links gelegenen Kleinfabriken, heute ohne schwarzen, in sich wühlenden Rauch. Rechts, auf ödem Gelände, das Sportstadion, Neubausiedlungen, Slums daneben, davor Wassertürme, Kokospalmen, die vor haushoher Werbung (für Waschmaschinen, Fernsehtruhen, Kühlschränke) kleinwüchsig wirken. Betonröhren dann, bewohnt, grünumwuchert ein Abwasserkanal und – kurz vor der Pfefferfabrik, die Lake Town ankündigt – letzte Bilder: zwei Kühe liegen wie im Gespräch. Von Hüttendächern lassen Slumkinder Drachen steigen. Als sei sie zum Markt unterwegs, trägt Kali als Kopflast einen Korb voller frisch gehauener Kokosnüsse.

Sie war noch nie hier und wollte auch nie hierher. Als er vor Jahren allein hier war und sich entsetzte über die Stadt, wollte er weg. Kaum weg, wollte er wieder hierher. (Aus Gründen, die ihm als Litanei geläufig waren, suchte er seit langem ein genaueres Wort für Scham.) Die entsetzliche Stadt, darin die schreckliche Göttin, ließ ihn nicht los.

Sie reisten gemeinsam woanders hin. Doch überall sagte er: Als ich vor fünf, vor sieben, als ich vor neun Jahren in Calcutta gewesen bin... Er stellte Vergleiche an und bereitete sich vor, sie nicht. Ein Jahr lang wollte er dort sein, sollte sie aushalten dort. Als sie abflogen und die Kinder (inzwischen groß genug) zurückblieben, gab es weitere Gründe für ihn – Verletzungen, Ekel, Überdruß –, abzufliegen, zurückzulassen.

Nach elf Jahren kam er wieder. Sie nahmen von Bombay die Eisenbahn quer durchs Land. Vorgesorgt hatten sie: eine Seefrachtkiste, schwer auch von Büchern, kam vor ihnen an. Nicht nur er, auch die Stadt hatte sich verändert. Mit Hochhäusern und U-Bahn-Baustellen sah sie fortschrittlicher aus; und fortgeschrittener zeigte sich ihr Verfall. Siehst du, sagte er, auf der Howrah Bridge hockten vor elf Jahren links und rechts dicht bei dicht Händler. Die haben sie weggeräumt. Außerdem regieren die Kommunisten jetzt.

Als sie da waren, beide, entsetzte die Stadt sie, ihn nicht mehr. Er lebte auf, sie wurde weniger und weniger. Es ist das Klima, das Elend, die Gleichgültigkeit, und weil ich nichts machen kann, sagte sie. Er schrieb und zeichnete, zeichnete und schrieb. Seine Frage, wie nebenbei gestellt, hieß zwischendurch: Sollen wir abfahren?

Als sie die Seekiste zurückschickten und einen vierten Koffer zusätzlich kauften, sagte er: Wenn wir jemals wieder hierherkommen, nehmen wir wieder Fontane mit...

ich neben dem Great Eastern
Stalin, Kali, Bose, die
Dreieinigkeit.

Ein Winkel
ganz Ratten und
Krähen zu

Auf der Mauer vorm
Bischof an der Straße
Banyanbaum
Hammer und Sichel
den Tontopf
Kommunisten
für die Kongresspartei

und dabei
bedeckt waren, etwa so groß

Circular Rail

Vor dem Tempel Rashmanch
von Galerien ummantelte
Pyramide, ein freier Platz
auf [illegible] Hahnenkämpfe

Endlich in
Vishnupur...

Zu [illegible]
Kopfstein
zeichnet
einen [illegible]
es ein [illegible]
niemand [illegible]
spielen. [illegible]
die Zeichn[illegible]
und [illegible]
mit den
Steinen

Ein Kind, das alles
Späte Krähen
dem Himmel abziehen

en an.
Schwoirze . . .

Farbe
und rot

Sie soll verkaufen
Calcutta 70:

den Tisch.
mehrere
geflickte
Film.
Blick auf
FAZ

Während der Rückfahrt, gleich nach der Dunkelheit:
Kochstellen
mit

in Gruppen,
Streunende Hunde dazwisch
heilig und fühllos, die
Bewachen. Zwischen den
sehen wir einen wach, lesen
unter der Bogenlampe.

Platz der
Bronze
Delhi reitet, um Mitternacht
Calcutta: da liegen sie,
pavement-
auf beiden Seiten
Hauptstraße nach Sealdah
weiter...
Kühe

einem Netz zu ziehen
Männer die

Fischen
zieht
Würfe von Künstlern

darauf
Sockel steinerne Büste
geschart...

Auf dem

Lücke

Krähe

blieb von
von
Brille

Ein idyllisches Motiv, das
der indischen Misere spottet
Die vielen lieblichen
Töchter werden
nach Tagore

erwachen den Schlaf
Träume fort
Nacht
unterwegs...

GRASS
Dez. 87

Gestalten
nur das Klappern
Die Abhängigkeit von

Lakshmi

Viel schwarze Tinte von

halten, in denen Kali umgeht.
aus dem Sack...

Nicht
zu überleben...

Am frühen Vormittag
weißes Blatt
Jetzt nach
den Kühleren
die Schläfe
liegen
Männer
weiß-graue
Manche
liegend
Säcke
Viele liegen
wie an
Sicherheit

Berg mit Gesicht…

Boden.
zu zeigen

gegessen haben
Das geborstene
Die Vielen
Ein Paar

Tagore
gelesen
Die Leute aus den
Dörfern stehen gern
Nacht . . .

Zunge zeigen

1

Schwarz ist die Göttin, Fledermäuse
lösen sich schwarz aus Bäumen,
die schwarz vorm Mond stehn.

Nicht mehr ach, weh und oh und: Jeder
Engel ist schrecklich. Kein Gedanke
steht an, Poren zu schließen.
Überfluß muß es sein, den anderes Klima
auf Eis gelegt hat.
Hier, hieß es zu Haus, wo niemand sich einläßt
auf was, extrem nichts sein darf
und einzig Ausgleich
als Terror erlaubt ist,
hier wird nicht geschwitzt!

Alle Schleusen gesprengt. Fließt,
tropft aufs Blatt,
macht sich mit Tinte gemein: Ich bin,
feuchte durch, lauf über
und setze lachend
schweißgetriebene Wörter, die eng stehn,
verschachtelt wie wir in den Pendelzügen
nach Ballygunge.

Der die das. Im allgemeinen Geschiebe wird
jeder Artikel gestrichen. Eigener
leckt fremden Schweiß. Was griffig,
entzogen (nun auch der Teppich, das Erbstück
unter den Füßen weg). Einander
abhanden gekommen, greifen wir über uns
und ins Leere; es sei denn,
einer der praktischen Griffe – notfalls
für jedermann – gäbe Halt.

Stille, nur schmatzende Geckos,
bis von der Straße der Bus nach Calcutta,
die Dauerhupe, der Gegenverkehr...
Und aus des Nachbarn Radio plärrt Liebe
wie überall.

Das jede Nacht.
Doch heute der Mond
als Zugabe voll.

2

Sie fielen einst – man vergaß zu datieren –
aus wessen, vergessen, aus wessen Hand
und liegen nun quer,
säumen das Pflaster gereiht,
von Schatten begraben oder ragen
ins Bild: Pavementdweller genannt.

Im Vorbeigehen ist es vorbei: niemand
läßt eine Lücke.
Sieh nur die Schläfer! Totschläfer
sollen es sein, bäuchlings die meisten,
wie auf Fotos, so echt.

Durch Erlasse aufheben diesen Schlaf.
Aufräumen! Wer ruft aufräumen
und: Schafft das Blickfeld frei!
Weil zusehends niemand sterben darf,
wird der Tod (als Angestellter der Stadt)
von allen Parteien geschmiert.

Schon lächelt uns die Statistik: alles
lebt nachweislich, macht sein Geschäft, quirlt.
Menschen aus jeder Richtung
sich hinterdrein. Ein jeder den anderen
mal tausend multipliziert.
So viel Wille von Tag zu Tag; nur überm Verkehr,
der stockt, sich verkeilt und löst,
um abermals zu versteinern,
jammern Hupen und jaulen Sirenen,
als müsse ein jeglicher Augenblick auf ewig
verklagt werden.

Fäulnis schwärzt und Grün sprengt Mauern
bis hoch zur säulengestützten Pracht
wildwüchsiger Kapitelle.

Unter haltlosem Stuck – Zahnlücken
in den Gesimsen – dauern die kolonialen Träume;
denn zur Teestunde – immer noch –
werden Geschichten getuschelt,
in denen auf Strümpfen
Lord Wellesley umgeht.

Werbung haushoch.
Die Weltbank bürgt.
Pläne, die Stadt zu retten, liegen zuhauf.
Und selbst die Müllberge
nahe der Straße, die nach Dum Dum führt,
sind, täglich erhöht, Kapital.
(Dazu sagt Lichtenberg in Heft 9,
das er in revolutionärer Zeit kurzgefaßt
mit Bedenken füllte: »In den Kehrigthaufen
vor der Stadt lesen und suchen,
was den Städten fehlt,
wie der Arzt aus dem Stuhlgang
und Urin.«)

Was fehlt denn?
Zum Sterben nichts, zum Leben,
das sprichwörtlich nackt ist, wenig mehr
als nur Wille.

3

Ein Sturz Aaskrähen. Blanke Schwärze
auf allem, was stinkt.
Geschnäbelte Unruhe
vor einem Pulk Hocker in verwaschenem Weiß,
die auf Fersen Zeit aussitzen.
Nichts bewegt sie. Die Mauer dahinter
gehört Parteien. Krähen und Hocker
kurz vor der Wahl.

Wer will klagen, wo jeder geständig,
wer rufen, wo jedem Geschrei
ein Echo voraus, wer hoffen noch,
wo Hammer und Sichel auf allen Wänden
verwittern?

Zu Bündeln verschnürt: dicht bei dicht
lagert Zukunft auf geborstenem Pflaster ab.
Steig drüber weg, spring
über Pfützen, die von der letzten
Ausschüttung des Monsuns geblieben.
Was suchst du?
Dich hier – woanders verloren – zu finden,
hieße dich aufzurufen, als Bündel
dazwischengelegt: dir hat es
die Sprache verschlagen.

Und brabbelst dennoch: Vom Nutzen
der Landreform, wenn sie nur käme.
Läßt dir (wie Sündennachlaß) mehr Wasserhähne
und Rikschalizenzen, Wörter aufschwatzen
wie Slumsanierung und Trockenmilch.

Erwiesen soll sein, daß neuerdings
ein bißchen mehr Menschlichkeit,
die woanders zu Dumpingpreisen
als Nächstenliebe im Handel,
zugenommen, selbst unter Brahmanen immerhin
zugenommen, um nullkommasechs Prozent
zugenommen hat, so daß wir hochgerechnet
im Jahr zweitausend...

Geduld, der Armut Mehrwert
und Überfluß.
In Reisfeldern Rücken
auf ewig gebeugt.
Nicht nur die Ochsen gehn
unterm Joch. Erstaunlich,
welche Lasten der Mensch.
Und lächelt im Elend noch;
das ist das Geheimnis,
sagen die Indologen.

4

Brüllende Tiger, die hier einst zahlreich
umgingen, nun auf Ladeklappen
gemalt; oder die Göttin schwarz,
wie sie die Zunge zeigt rot.
Blow Horn! bittet in Buntschrift (und nicht vergeblich)
ein Lastwagen den nächsten.

Kaum war das Rad erfunden,
wurde die Straße geplant,
erst dann ein Gott
dem Verkehrswesen überstellt.
Schlaglöcher seitdem und Achsenbrüche;
aber der Glaube auch, daß wir voran,
von Ampel zu Ampel
vorankommen.

Die hier zu Haus, rotzen Betelsaft drauf.
Hat die Krätze, das Pflaster,
treibt Pusteln, wirft Blasen, platzt,
kratzt sich wund, verschorft an den Rändern,
speit nachgeschütteten Schotter, Teerplacken aus,
was amtlichen Flickwerkern (zwischen Stromsperren)
einfällt.

Risse laufen sich selbst davon,
wollen als Spalt unterspült werden.
Nicht Löcher: Krater! Park Street,

Gandhi Nehru Tagore Road, keine der Straßen
hält dicht. Ihren Mischmasch plaudern sie aus,
erbrechen, was heilen sollte,
lachen sich schier kaputt
über laufende Kosten.

Unter der Sonne,
mitten im Gegenverkehr der Blinde.
Des Materials Geschrei, dem Tauben gewidmet.
Es kreuzt bei Rot ein Gedanke die Straße,
der heil, wenn auch platt
grad noch davonkommt.

Was hier zum Himmel stinkt
und niederschlägt abgewiesen,
war als Opfer gemeint
und findet nicht Gnade.

5

Dreimal geimpft und in Gedanken
immun gemacht. Kaum angekommen,
retten wir uns in Vergleiche.
Wir sind nicht hier.
Das trifft nicht zu.
Das schlägt auf den Magen nur. Das
sahen wir unterm Portal, wie eine Kanone,

die übriggeblieben, von Kindern
gestreichelt wurde.

Bis hoch in die Kuppel
füllt ihr Museum die Queen.
Auf einem der Bilder sieht man sie
lesend im Sattel,
während ihr Stallknecht – ein Schotte –
die Zügel hält: Victoria Memorial, des Empire
muffige Rumpelkammer, einer Matrone errichtet,
die in Bronze vor steinernem Zuckerguß
gluckt.

Ein Zeitalter wurde nach ihr benannt.
Sie liebte die Inder, besonders die armen,
berichtet Lord Curzon.

Was aber wäre geschehen, wenn Hastings
nicht seinem Nebenbuhler,
vielmehr Francis beim Duell ihm
in die Schulter geschossen hätte?
Nach Gottes (seit Cromwell) parteiischem Urteil
traf aber Hastings und preßte Indien zum Kronjuwel
und ließ Calcutta pfennigfuchsend erblühen,
auf daß noch heute die Stadt
des Weltreiches Spottgeburt ist: lebenswütig
in ihren Müll vernarrt.

Von Pocken befallen des Hochmuts Glätte.
Vierspännig einst fuhr Dünkel
herrisch die Chowringhee längs.
Blieben davon stockfleckige Stiche
handkoloriert.

Wasserränder und Fliegenschiß! Es war das Klima
schon immer teuflisch; und auf den Friedhöfen
lagerten Jahrgänge sommersprossiger Burschen,
bevor sie Pulver gerochen.

Auch Kipling in Öl gemalt hier,
wie er fernsichtig über den Brillenrand weg
Provinzen erobert, um sie
in eine Idee zu kleiden: khakifarben
bis übers Knie.

(Und was, fragen wir uns beim Tee,
wäre geschehen, wenn Subhas Chandra Bose,
den wir auf Fotos zivil neben Hitler
und uniformiert grad noch in Singapur
auf einer Tribüne gesehen haben,
als Japans Puppe den Subkontinent befreit
und die Geschichte östlich von Suez
verkehrt hätte?)

Als wir an Betelverkäufern vorbei
treppab stiegen, saßen den Schafen im Maidan,
der Stadtpark heute und Schußfeld einst,

Krähen schwarz in der Wolle. Jemand mit Trommel
hatte am Strick seinen Affen dabei; der könne
uns tanzen: Indisch und Rock 'n' Roll.
Wolkenbrüche hatten die Straßen geflutet.
Dunst lag über der Stadt. Wie auf den Bildern
der Maler Daniell, die siebzehnachtsechs
mit Pinseln, Farbe und Staffelei
an Land gingen, glaubten wir
Venedig zu sehen.

6

Müll unser. Täglich, wenn nicht ein Streik
allen Rädern und auch der Zeit
in die Speichen fällt, karren Kipplader,
was die Stadt erbricht, nahe der Straße
zum Flughafen (VIP-Road genannt)
immer höher zuhauf, daß Landschaft entsteht,
die ihren Horizont täglich ändert
und vielen Kinderhänden, die wie die Kinder
müllfarben sind, Nährmutter,
Fundgrube ist.

Denn alles, ob Knopf oder Tube,
fällt auf, wird gesichtet, bleibt habhaft,
damit nichts, kein Coca-Deckel, kein Nagel,
die Ampulle, die Dose aus Dosen,

auch nicht die Scherbe von Scherben
verlorengeht.

Wer nennt Gerüche Gestank!
Was riecht, das sind wir.
Unser täglicher Nachlaß; nicht nur vom Reichen
fällt ab, selbst Mangel wirft hinter sich.
Das alles vermengt und gesiebt
gärt unterm nächsten Monsun und riecht:
Müll unser.

Doch gegraben in tausend
und etwas mehr Jahren,
wo unterm Schwemmland
nach letzter Sintflut das sagenhafte
Calcutta zu liegen verspräche,
fände sich nichts, nicht Tube, nicht Knopf,
kein Nagel, kein Coca-Deckel,
die Dose aus Dosen und die Ampulle,
die Scherben der Scherbe nicht.
Nichts wäre gesprächig:
stummer Müll nur.

Gegenwärtig jedoch
fanden wir mitten im Müll, wo er geebnet
schon Humus zu werden
und Gemüse zu treiben verspricht,
eine Schule in einem Schuppen versteckt.

Still hockten Müllkinder über Schiefertafeln
und übten bengalische Schrift.
Das Leben ist schön, hieß (für uns) übersetzt,
was sie zur Übung wieder und wieder
schrieben.

Vögel darüber. Gesichtet aus Vogelschau
ist alles möglich, sich nah.
Die Geier hier wissen zuviel
und plaudern aus, was morgen erst
in der Zeitung steht: Demnächst soll jener Computer,
den der Sohn eines Sweepers,
sagen die Geier,
in seiner Freizeit entwickelt hat,
steht in der Zeitung,
die Müllabfuhr steuern; nur der Gestank
lasse sich nicht…

7

Als es aus war, überlebten einzig
an einzigem Ort jene, die täglich
das Überleben gelernt und ihre Stadt,
der man das Sterben beispielhaft nachgesagt,
quicklebendig gehalten hatten; als
»betriebsame Hölle« und »charmantes Chaos«
lobten Werbeprospekte die westbengalische
Metropole aus.

So rührte sich, als überall nichts war,
eine Weile Calcutta noch und feierte
seine Feste und wählte, weil auch die Politik dort
kein Ende fand, mit großer Mehrheit ein Zeichen,
schon vormals als Hammer und Sichel
bekannt.

(Man hätte noch lange, trotz Streik
und Stromsperren, seinen Spaß haben können,
wäre – weil an den Polen das Eis schmolz –
den Hooghly flußauf die Flut
nicht gekommen.)

Wir bedauerten sehr, sagte die Rättin,
von der mir träumt, diesen Verlust.
War es doch unsere Stadt auch,
die verging. Uns stand dort Reis
auf dem Halm. Den Krähen und uns: Abfall genug.
Wie nirgendwo sonst waren wir dort
den Göttern lieb und den Menschen gleich.
Ihnen und uns war der Tod ein Handumdrehen
und Übergang nur.

Das schreib ich nicht weiter und weiter.
Nein, Rättin, nein! Jute soll wieder
den Markt erobern. Birla hat neu
einen Tempel gebaut. Es wird die Volksfront
die nächsten Wahlen. Und längs

dem Stückwerk der Straßen haben die Menschen
Bäume, umhegt von Bastkörben, Bäume,
Setzling nach Setzling
Bäume gepflanzt.

Schleppt sich auf Stummelknien, lebt.
Wimmelt, von Howrah Station verschluckt
und ausgespien sogleich, über die einzige,
unter der Last zitternde Brücke, will diesen Tag,
dem ein nächster gewiß ist, feiern;
und auch die Feste, Durga, Lakshmi, dann Kali Pujah,
die alles billiger machen, bleiben den Göttern
versprochen.

Hoffnung! Es sollen Millionenkredite über die Stadt
und Staatsbesuch (hinter Panzerglas) kommen.
Und selbst im Dunkeln – und ohne Zuspruch
der Ventilatoren – singen unbeirrt Dichter
zehntausend: Tagore Tagore...
Da ist, Rättin, kein Ende in Sicht;
es sei denn, das Ende fand schon
vor Anbeginn statt.

8

In gilbes Weiß, milchiges Braun
gekleidet, in kurzgeriebenem Fell,
vor Bahnhöfen, Tempeln, auf gärendem Abfall

oder dem kurvenden Rikschaverkehr
quergelagert und keinem Bus – staatlich
oder privat – gefällig; feierlich schreitend,
als befehle Sog diesen Umzug,
dessen Ordnung erlaubt, im Vorbeigehen
Pappe, Bast, Müll, letzten Auswurf zu weiden;
oder vor Lasten gespannt: Bambus,
zur Fuhre gebunden,
die schwingend hinter sich weist;
vor leerem Karren auch: des Treibers
Leichtgewicht nur.

Kühe und Ochsen, gehörnte Geduld
und das Joch noch geheiligt. Godan,
des bitteren Premchand (der sich in Urdu und Hindi
wundgeschrieben) unerschwingliche Kuh,
die billig im Kilo nur Moslems
auf Fleischbänken fasert und lappt;
hier liegt sie, käut wieder,
der beschleunigten Zeit im Weg, ist selber
Zeit, die sich austrägt und kalbt und kalbt.
Zärtlich in diesem Land,
dem Furcht vor Berührung Gesetz ist,
zärtlich allein sind der Kühe
und Kälber Zungen.

Lasten, nicht Zinsen und Zinseszins
oder angeborene Last: nieder als niedrig,

ausgewiesen zu sein, Wasser aus faulem Brunnen
nur ziehen zu dürfen; andere, faßliche Bürde,
Lasten getragen, als schwebten sie, Kopflasten
sind es, die kein Gedanke aufhebt oder
gewichtiger macht: Bananenblätter
um Packen geschnürt, unterm Jutesack,
den – niemand weiß, wer – zum Alptraum
blähte, geht, steht und geht
deutlich ein Mensch: für immer gezeichnet
durch aufrechten Gang.

Hängen und Würgen. Gegen Lohn, überall
wird geschleppt; in Calcutta jedoch
sahen wir Träger mit ihrer Last
durchs Nadelöhr schreiten.

Zu viel, das ist zu viel! Erleichterung
schlage ich vor, den Flaschenzug der Vernunft;
und gebe den Koffer ab, sehe, wie er erhöht,
mir voran, den Weg durchs Gedränge weiß,
während mein Wissen Begriffe ordnet;
Arbeitsteilung ist das, fällt mir
beim Zahlen ein.

Woanders nicht oder weniger: Geld
stinkt hier. Besonders die Lappen niedriger
Werte. Säuerlich haftet Geruch. Kaum sind sie
hingeblättert – Rupien über Tarif – will ich sofort

die Hände, die Hände sofort mit Seife waschen.
Oder es käme mit rauher Zunge
heilig eine der Kühe.

Wenn sie sich legen, vor blassem Himmel
zum sanften Gebirge werden, dessen runde
und höchste Kuppe schroff zum Gehörn
und den Rücken lang mählich abfällt,
sind sie als Herde Landschaft,
beliebtes Motiv, bis jene vordergründig
gelagerte Kuh frißt, was ein Windstoß
austrug: wiedergekäut die Zeitung von gestern,
in der versteckt (zwischen Verschiedenem) steht,
daß in Bombay vieltausend
und mehr Liter Milch täglich
der Arabischen See beigemengt werden,
weil die Preise zu hoch, die Kaufkraft gering,
obgleich Bedarf überall und auf Plakaten
großäugig Kinder dürsten …

Jetzt stehen die Kühe. Jetzt wandert
die Herde. Die Landschaft
verläuft sich.

9

Geplant war Flucht. Wir entfernen uns,
sehen den Ozean branden, meiden
die kotigen Strände. Der große Tempel,
auf dessen Nebendächern – dort ist die Küche
für die Zehntausend! – Affen, die heilig sind,
turnen. Darüber, von Jaganaths Turm
geschlitzt, bringen Wolken Regen
auf Regen.

Es sitzt uns aber die ferne Stadt
im Nacken, geflutet seit Tagen,
weil überm Golf von Bengalen ein Tief
und alle Pumpen – sieben von elf in Betrieb –
vergeblich rund um die Uhr
und weil vor vierzig Jahren genau,
als in Calcutta Blut um Blut floß,
Leichen zerhackt in die Gullys gestopft
und seitdem quer im Kanalsystem,
auch flüssig kein Geld und immer nur Pläne,
so daß hochkommt seit gestern,
was abfließen soll.

Ausgespien illustre Monstren einer Geschichte,
vom Brechreiz datiert: Job Charnock samt
Schwiegersohn, bengalische Nawabs, jener,
der Siray ud Dulah hieß und an zwei Tagen

des Juni siebzehnfünfsechs das Schwarze Loch
aufmachte, eng genug, alle Briten zu schlucken,
die nicht übern Fluß davon, bis Clive von Madras
mit seinen gedrillten Sepoys
per Schiff kam, um eigenhändig: Rache,
Sumpffieber, Silber gemünzt;
später die Schlacht bei Plassey,
wie sie gemalt wurde; später (auf keinem Bild
museal) landweiter Hunger, der jeden dritten
auszählte... Alles kommt hoch: Divani,
der East Indian Company doppelte Buchführung,
gottgefällige Steuereintreiber; und wieder
Hunger, verdarben Millionen und mehr,
als die Japaner in Burma von Dorf zu Dorf
sprangen (Netaji Bose, das Führerlein im Gepäck);
endlich der Schnitt: hier Ost, dort West,
das Morden davor und danach,
Flüchtlinge blähten die Stadt,
bis sie (in Zeitlupe) platzte
und auslief.

Das alles, aus Gullys gurgelnd,
kommt hoch: Köpfe, wie Kokosnüsse so rund,
Schwänze, gebündelt, sortiert, dem einen Gott
gläubig, den vielen Göttern,
durchlöchert Klassenfeinde und Naxaliten,

Kali endlich, die unsere Zeit mißt:
Jetztzeit Letztzeit...

Da bietet sich doch noch (wie in Legenden)
Hilfe von oben an: heut kam geflogen
der Sohn der mordend gemordeten Witwe, brachte
mit sich zentrale Gewalt, sie allen zu zeigen,
seht: im Niedrigflug über gefluteten Dörfern,
Reisfeldern, Vorstädten, Slums
und den Lagern der Sechshunderttausend,
die ohne Hütten und Buden im Schlamm
immer noch Wähler sind.

Stand aber, als der Himmelssohn landen mußte,
in weißer Baumwolle der strenge Basu
zum Abschied bereit. Den haben Säuberungen
(seit Stalin) gewaschen. Der hat Indiras
schlagende Goondas, man sagt,
sich selbst überlebt. Und lächelte nicht
und forderte Kerosin.

Da flog der Sohn der Witwe davon. Basu aber
schlug in Gedanken, weil schriftkundig
wie alle Brahmanen, bei Marx nach
vergeblich; denn keine Stelle im Kapital,
die sich auf Hochwasser kurz vor den Festen
der Götter bezöge.

Als wir den brandenden Ozean hinter uns
hatten und von Howrah Station über die Brücke
kamen, räumte die Stadt mit sich auf: Ziegelsplitt
in alle Löcher gekippt, Kolonnen Harijans
gegen den Schlamm, Ausrufer, kniehoch umspült;
doch haben die Zeitungen alle
heavy rains angesagt.

10

Starke Niederschläge unter weitab
verhallendem Donner. Nähergerückt
wäre es Poltern, als müßten bei Gegenverkehr
mit Stückgut beladene Laster
von Schlagloch zu Schlagloch.

Kommentierte Natur: Regen,
dem nicht der Faden reißt. Zeilenbrüche
und Doppelpunkte, drauf wörtliche Rede: Aller
versammelten Götter krause Geschichten, ihr
verbürgtes Gezänk. Krishnas kichernde Gopis,
gerüsselt Ganesh, nach dem auf Flaschen
ein Senföl benannt ist, Durga, die,
sich zur Feier, die Preise drückt.
Mantrisches Quasseln auf Wiederholung gestimmt.
Sanskrit, der Priestersprache Göttergeschwätz.
Und nur dem Trommeln fällt Wechsel ein
zum Erguß.

Doch als wir vom Vorortzug (zehn Uhr dreißig)
ab Baruipur über Mullikpur, Sonapur, Garia,
Baghajatin, Jodabpur, Dhakuria Richtung
Ballygunge Station, links rechts Felder
geflutet, aus Lehm, Stroh die Hütten
verinselt sahen (nur der Bahndamm,
die Bahnsteige alle – Zuflucht der Kühe – erhöht),
hörten wir, verkeilt im Waggon, den Blinden singen,
wie es Blinden zusteht, mit seitlich offener Hand
zu singen, damit fordernde Klage
sie kenntlich mache, ihnen Platz schaffe
und Nägel in Köpfe treibe; traf doch, damit
es schmerzte, des Blinden Lied immer wieder
die Stelle.

Diesmal war es ein Knabe,
dessen milchiger Blick ohne Ziel.
Seine spröde, gehärtete Stimme
drängte beiseite, schlug durch gepferchtes Fleisch
eine Schneise und schuf sich
in Schreien Raum, so daß gesungene Not
den Vorortzug (zehn Uhr dreißig) verließ
und niederschlug (nahe Sonapur war es)
auf sinkende Hütten,
die Flut.

Blieb aber leer die seitlich offene Kinderhand.
Es war der Blinde unter Taube geraten.

Wir gaben schnell und verschämt,
beflissen, nichts Falsches
zu tun.

(Später beim Tee trieb die Sprache
Verrat, mißriet mir der Knabe
zum schrecklichen Engel.)

11

Dahin bringt das Leben sich
über kurz oder lang: in krummes Geäst
gebettet, mit Knüppeln bedeckt,
die auf Schalen gewogen,
wie sie beim Jüngsten Gericht (aus kaufmännisch
frommer Sicht) in Gebrauch sein werden.
Hat seinen Preis, rötliches Brennholz,
gefällt in den fiebrigen Sundarbans,
darf nicht geringer ausschlagen
als der Kadaver.

Auf diversen Brandstätten – alle
an den mündenden Arm des Ganges,
ans Hooghlyufer gerückt – qualmen Stöße
über lustlosen Feuern, immer noch feucht
vom Wasser, das niederkam, wiederholter
Sturzgeburt gleich (und die Stadt
als Meldung in aller Welt Zeitung brachte).

Noch zögern die teuren Hölzer
und müssen belebt, mit Reisstroh
belebt, durch Gutzureden
belebt werden.

Geschmolzene Butter fettet die Leichen.
Drauf Blumen, wie sie, gleich süß von Atem,
zu lustigem Anlaß gebräuchlich.
Rot eingestrichen die Sohlen verdrehter Füße.
Blätter decken den Sterbeblick. (Jene Wörter jedoch,
die uns als Nachruf zur Hand – dahingegangen,
entschlafen, abgerufen in eine bessere Welt –,
sind nicht im Handel.) Die Toten hier
sind besonders tot.

Leergelebt nimmt Holz sie gefangen.
Mit stumpfen Zähnen frißt Feuer sich durch.
Mag die Seele woanders aufs neue,
Asche und Reste verkohlt kriegt der Fluß,
dem alles beigemengt wird: Scheiße,
Blüten, Chemie, der Badenden
nackte Gebrechlichkeit, der Schweiß
verwaschener Tücher.

Doch heute werden Durga und Lakshmi, wer noch,
mit Trara und Getrommel zum Hooghly gekarrt.
Das Fest ist aus. Auf sieben Tage
kam Götterbesuch: Strohpuppen, denen Tonerde

(getrocknet bemalt) fleischiges Aussehen gibt.
Zur Schau gestellt mit Getier: Löwe und Eule,
Ratte, Schwan, Pfau. Und an zehn Armen
glitzert in Händen Gewalt, damit das Gute
über das Böse und andere
dumme Geschichten.

In jedem Slum: selbst die ärmsten
der Armen türmen ihren Altar.
Seht, wie altgediente Marxisten
sechstausend Bettler raus aus der Stadt
ins Abseits treiben, solange die Gottheit
ihr Fest gibt.

Gebete und Priester haben wie anderswo
ihren Preis; Schrecken verteilt sich
umsonst. Käme doch Zorn auf
und hielte an.

12

Sah drei Besen, nein, vier
tanzen im leeren Raum. Oder tanzte,
gebunden aus hartem Stroh, ein einziger Besen
die Räume leer und zeigte
in Abläufen Bild nach Bild,
wie unabänderlich er gedrillt;
während lachend der Unberührbare

draußen – macht euren Dreck weg allein! –
lachend davonlief.

Umgestülpt der Magen der Stadt. Sah
Denkmäler kopfunten. Was kriecht,
auf Beine gestellt. Sah die Reinen und
der Reinlichkeit höhere Töchter dem Müll
zugeschlagen in Lumpen (und nicht mehr
kichern). Sah Kolonnen Brahmanen – kenntlich
durch reinliche Schnur – Kloaken räumen. Sah
die Helden liebreicher Hindifilme weg
von der Leinwand ins Leben vertrieben,
das ihnen aufstieß, sie lehrte,
dünnflüssig unter der Sonne zu scheißen.
Sah großes Geld betteln nach
blecherner Münze.

Geduld am Ende, außer sich Wut, Kokosnüsse
zuhauf, vermengt mit Köpfen vom Rumpf, wie Hindus
und Moslems einst (unterm blondbewimperten Blick
letzter britischer Wohltat) sich messerscharf trennten
und der Göttin Geschäft besorgten, die schwarz
auf Shivas rosiger Wampe hockt; ihr Blick,
der nie blinzelt, liegt
überm Land.

Kali Pujah war angesagt. Ich sah
Calcutta über uns kommen. Dreitausend Slums,

sonst in sich gekehrt, hinter Mauern geduckt
oder ans Faulwasser der Kanäle gedrängt,
liefen aus, griffen um sich, hatten bei Neumond
die Nacht und die Göttin
auf ihrer Seite.

In Mundhöhlen ungezählt sah ich
der schwarzen Kali lackierte Zunge
rot flattern. Hörte sie schmatzen: Ich,
ungezählt ich, aus allen Gullys
und abgesoffenen Kellern, über
die Gleise: freigesetzt, sichelscharf ich.
Zunge zeigen: ich bin.
Ich trete über die Ufer.
Ich hebe die Grenze auf.
Ich mache
ein Ende.

Da vergingen wir (du und ich), wenngleich
noch immer die Zeitung kam und von mangelndem
Kerosin, von Hockeysiegen und Ghurkaland,
vom Sohn der Witwe hinter dem Panzerglas
und von Wassern erzählte, die sich allmählich
in Midnapur und im Hooghlydistrikt allmählich
verlaufen hätten.

(Auch habe das Fest, der schwarzen Gottheit zu Ehren,
friedlich seinen Verlauf genommen, sagte
der Telegraph.)

zum

Inhalt